ビギナー教師の心を傷つける
上司・先輩の「毒語」
これって通常指導?
苦しむヤング先生が読む本

岩切洋一 編著

学芸みらい社
GAKUGEI MIRAISHA

は じ め に

本書のコンセプトは、次のようなものです。

> 『職場での人間関係に悩むビギナー教師が ご自分の置かれている状況を
> 冷静に振り返り 以後の対応を検討するための指針となる』

　夢や憧れを抱いて教職に就いたにも関わらず、失意の日々を送っている皆
さんが今の苦しい日々から脱し、少しでも明るく意欲的に教員生活が過ごせ
るようになることを、何より願っています。

　民間企業に比べれば学校の教員の離職率は低いとは言え、それでも公立学
校に採用された新任教員のうち、毎年 1％前後の方々が最初の一年の間に職
を離れています。

　東京都に至っては 2022 年度に正規採用した公立の小中高校、特別支援
学校などの新任教員 2429 人のうち 108 人、つまり全体の 4・4％が 1 年
間で辞めており、この割合は過去 10 年間で最高となっているのです。

　これは教員の長時間労働の問題が解消されない中、校内に新人を支援する
態勢が十分整っていないことが背景にあると考えられます。そのために多く
の新任教員が多忙感や孤立感に苛まれており、それが高じて心の病を発症し
て退職してしまっているケースが数多く見られるのです。

　しかし、中には職場内における管理職や先輩教員との人間関係そのものを
退職理由にしている事例もあります。

　そこまで破局的なケースには至っていなくても、狭い職員室の中で苦しん
でいる若手教員はかなりの数に及んでいるようです。実際、本書編集責任者
である岩切の元には、管理職や先輩からの言動に関する相談が毎週のように
寄せられるようになっている状況です。

「校長から『発達障害があるとは言え、あの子が教室を飛び出すのは君の接
し方が間違っているからだ。そう安易に周囲を頼るのは止め、自分一人でしっ

かりと課題に向き合いなさい。』と言われ、毎日対応に追われています。他の児童の保護者からの苦情処理もあり、そろそろ限界です。」
「学年主任から『まだ仕事をしている私より先に退勤するなんて有り得ない！』と言われ、毎日帰宅が深夜になっています。」
など、非常に理不尽な事例も中にはあります。時にはご自身が退職することを前提に、以後の相手との接し方を相談されることさえあります。

　児童生徒対応や保護者対応で苦労している場合、周囲が気付いたり、本人が相談したりすることによって校内の支援体制も構築できます。

　しかし、パワハラやそれに類する言動の場合、その多くが当事者間のことなので誰も気付かなかったり、被害を受けても他に相談できなかったりすることで、行為が表面化しないことがあります。そのため、被行為者が徐々にストレスを溜め込み、メンタルが限界まで疲弊してしまうことが多いのです。

　私たちはそんな方々を何とか支えたいと願い、本書をまとめました。

　なお、お示した事例は学校や個人が特定できないよう、一部を修正して記載してありますが、ほとんどが実話です。同様の毒語を投げかけられた（投げかけられている）読者諸氏もいらっしゃるのではないでしょうか。
「以前、同じような毒語に思わず反発したけど、事例のように言葉を言い換えて内容を考えると、自分も確かに反省すべきだったかな。」
「『私のアドバイス』に書かれているように、主任があんなことを言っていたのには、きっと何か事情があったのだろう。」
「事例のように相手の意図も推し量れば、気持ちが少し楽になるんだ。」
「この事例をもとに考えると、あの時の校長の言動は通常の指導の範囲なのか、パワハラなのか……。冷静になって状況をしっかり捉え直そう。」
　このように、ご自身の置かれた状況と記載された各々の事例とを比較しながらお読みいただき、日々の勤務に活かしていっていただけたら幸いです。

令和６年２月　岩切洋一

Ⅲ ①ビギナー教師の心に傷を負わせる 指導場面での毒語

学級経営をめぐる「ご指導」での毒語

Ⅳ ②ビギナー教師の心に傷を負わせる 立場発言での毒語

聞きたくない上司・先輩・保護者の毒語

Ⅴ ③ビギナー教師の心に傷を負わせる 公的場面での毒語

Ⅵ ビギナーのセルフチェック

Ⅶ 新卒１年目と２年目の違い ＝私はどう乗り越えたか

Ⅷ ビギナー教師へエール

私たちが求めているもの

▶一言でいえば「優しくして欲しいです」

A 教諭

❶優しく教えて

新社会人として不安を抱える中、私の教師生活は始まりました。

学年の先生方には教員として必要な事務手続きや指導上の手立て等を手取り足取り教えてもらいました。

私の当時の課題は（今もですが）期限を守ること、そして週案や教材研究等の作業を手早く仕上げることです。

先生方はそういった私の状況にいち早く気が付き「〇〇の締め切りは〇日だけど、終わった？」と、リマインドしてくださったり、教材研究を教室で行なっていた時「学年で共有したいことや大事なことは職員室で行われるから、職員室にいた方がいいよ。」と、一心不乱で周りが見えていない私に的確なアドバイスをいただいたりしました。

その場の空気を上手に汲み取れないことも多い私です。いつも厳しい言葉だと正直へこみます。優しくご指導いただくのは大変ありがたいものでした。

❷少し離れたところで見守って

「さあ、ご指導を元に今度は一人でやってみるぞ！」という機会が何度もありました。本来、教えていただいたことは一度で確実に習得しなければなりません。ただ、私はそれが苦手なのです。社会人として致命的ではないかと思ってはいても（困ったことに）これが中々身につかないんですね。

しかし、多分焦れったくて、つい口を挟みそうになるところを学年の先生方はぐっと堪えて、時間の許す限り見守ってくださいました。私がやれるところを残して、他の難しい業務を数多くこなしてくださっているのです。

そんな様子を常に目にしては申し訳ない気持ちにはなりますが、事実、あまり多くのことは抱えられません。その分、私が教員として成長したら、今度は後輩の手助けをしたり、信じて見守るようにしたりするつもりです。

❸気軽に相談にのって

　教員として日々子供と関わっていると、「〇〇してみたい」という想いが出てきます。しかし、経験値のない私がその想いを実現するかどうかを判断して良いものなのか……。たびたび分からなくなることがあります。

　そんな時のため、細かなことでもすぐに相談にのっていただける体制を創っていただけると大変嬉しく思います。特に、子供や保護者とのやり取りの中での対応の仕方等については是非お願いしたいものです！

　まあ、そうは言っても現任校は意思疎通が可能で、風当たりも非常に良い学校です。おかげで自分の意見をそのまま素直に伝えられるのは良いなと思っています。これ以上のことを望むのは贅沢すぎるようにも思いますが……。

❹授業のコツを具体的に教えて

　上手に授業のリズムが掴めない私が教科書指導書に則って授業を進めていくと間違いなく時間が不足します。ほとほと困っているところです。

　ところが、経験値の多い先輩方は「2時間扱いのところを1時間で終わらせる」等、子供の実態と照らし合わせながら、当然のように遣り繰りをしています。いつも授業方法などは懇切丁寧にご指導いただいていますが、そのようなコツは盗んで覚えている現状です。

　お願いですから「企業秘密」にせず、それらも教えてください！

❺たまには褒めて

　私も教師である前に人間なので、尊敬している先輩方から「よく頑張っているね。」とねぎらわれたり、「〇〇できるようになったね。」とたまには褒めてもらえたりしたら、それだけで頑張る気力が湧いてきます。褒めることが無かったら何か無理矢理にでも事実を作って褒めていただけないでしょうか……、というのは冗談ですが、もし私に直すべきことがあったら、多少骨が折れても、時間がかかっても、きちんと教え諭していただき、良いことしていたら是非それを褒めて欲しいです（わがままですかね……？）。

私たちが求めているもの

▶ 「当たり前」が初めてなんです！

B 教諭

❶温かい一言が心の支え

何気ない会話の中で「頑張りすぎてない？」「大丈夫？」などと、声をかけてくださる先生が私の周りには大勢います。仕事以外の話をしたり、若い先生はご飯に誘ってくださったりと、職員室にいるだけで安心感があります。

毎日の授業をするだけでも精一杯で、周りの先生方に迷惑をかけていると日々感じています。そんな時に過去の失敗談や先輩にたくさん助けてもらっていたことを教えていただき、「自分だけじゃないのかな。」と一つ一つのことを重く考えすぎないようになりました。

優しい先輩方の温かい一言のおかげで、もう少し頑張ろうと思えます。

❷「分からないこと」が分からない

長く働いてこられているからこそ当たり前になっていることも多いと思います。しかし、その「当たり前」は私たちにとっては、「初めて」のことです。不明な点は周囲にお尋ねして対応しますが、リストに載っていない暗黙のルールや経験知に基づくことは失敗をしなければ気づけません。実際に知らなかったことで迷惑をかけ、叱責を受けたことが何度もあります。その時、私は「知りませんでした。」とは言えず、ただ謝ることしかできませんでした。

日々、知らないところでまた失敗をしているのではと不安も抱いています。「もしかして、初任者は知らないかも。」と思ったら、ぜひ教えてください。

❸おいていかないで

学年会が無いので互いの授業の進度や授業の進め方が詳しく分かりません。

日常会話の中で情報は共有されていますが、何が大切なものなのか分からない時もあります。更に、自分以外の方で情報が共有されている時もあります。

本来であれば、こちらから授業方法について質問をしたり、次の単元の授業計画を立てて相談をしたりしなければならないことは分かっています。しかし、毎日の授業をすることだけでも一杯一杯です。そして、忙しそうな先生方に話しかけるのが申し訳ない時も多々あります。

　情報共有の場があれば授業の進度の目安も分かり、課題もその場で解決できます。私と私の学級の子供のために教えていただければと思います。

❹私の教室を覗いて

　空き時間に私の教室を覗いてくださって、助言をしていただくのはもちろん、必ず褒めてもくださる先生がいます。また、会話の中で自分が気づけていなかったことに気づけることもあります。心から感謝しています。

　私は多くの先生方の授業観察もしています。しかし、見たものをすぐに自分の力にするのは難しいこともあります。それに対して、自分の授業を見ていただき、それについて助言いただけると、すぐに改善ができます。お忙しいとは思いますが、もし時間があれば授業を見て欲しいです。私自身もいつ見ていただいてもいいように、全力で授業に取り組んでいきます。

❺プラスの話をして

　私は子供が大好きで、子供に楽しく学校に通って欲しいと願っています。

　ところが、1日の授業を終えて職員室に戻ると、周囲からは良いことよりも悪いことについての話の方が多く耳に入ります。もちろん、子供の状況や出来事を共有することは大切です。しかし、そこに先生方の感情が入ると別なのではないでしょうか。職員室にいると「教員の仕事って何なんだろう。」と、つくづく感じてしまいます。

　また、言葉を選んで発言をして欲しいとも思います。子供に対するマイナス発言ばかりを聞くと、自分自身がその様に思っていなくても、頭のどこかにその考えが残ってしまいます。

　全ての先生が子供が好きで教員になっているとは限りませんが、教員に対するマイナスなイメージをより広げるような発言は控えていただきたいです。

　是非、子供が成長した話とそのための取り組み方などを知りたいです。

私たちが求めているもの

▶授業を見せてください！

C 教諭

❶声かけて

初めての担任。授業も学級経営もすべて一人で進めなくてはいけないと思い、誰にも相談せず、一人で突っ走っていました。

しかし、それでどんどん自分を追い詰めて、辛くなっていきました。

そしてある日、朝起きると、突然「学校行きたくない、行けない。」となりました。涙が止まらなくなりました。でも「仕事だから行かなくては……」と気合いを入れて、何とか学校に行っていました。そんな時、「大変だよね。」「大丈夫？」と声をかけてくださった先輩方がいました。そのおかげで、今辛いことを吐き出すことができ、SOS を出すことができました。アドバイスもしてくださり、悩みも軽くなり、仕事に行くのが苦ではなくなりました。

慣れない生活リズムの中、辛い気持ちになっている初任者はきっといます。どうか思いを寄せ、声をかけてくださると嬉しいです。

❷クラスを見に来て

教員 1 年目。何もかもが新しいことで、自分がやっていることが本当に正しいのか不安でいっぱいです。授業はどうするべきなのか、トラブル対応はどうしたらいいのか、分からないことばかりです。

そんな時、他の先生がクラスを見に来てくださるだけでも、一人ではないと安心できます。欲を言えば、「クラスのここが良かったよ。」「もっとこうすればいいよ。」って言っていただけると頑張れます。自信になります。自分のやっていたことは間違いではなかったのだと、誇れます。

そんな先輩方がいる私の学校は素晴らしいです。

❸授業を見せてください！

「百聞は一見にしかず」ということわざの通り、授業の進め方を聞くより見た方が分かりやすいと思います。そのまま真似してやれば良いのです（も

ちろん、クラスの実態が違うので、そこは考慮しなければいけないのですが……）。「授業見に行ってもいいですか？」と尋ねると、「いいよ。いつでも見においで。」と、優しく承諾してくださる先輩方、「この時間空いているなら見においでよ。」と声をかけてくださる先輩方、「もし良かったら授業やるよ。」と代わりに授業をしてくださる先輩方……。いつも本当にありがとうございます。

　先輩方のおかげで、授業の作り方、進め方を日々学んでいます。真似してやると子供たちの反応が良かったり、子供たちが積極的に取り組んだりしていて、授業のやり方を段々と掴めてきました。今では、堂々と授業を行うことができています。

❹たくさんお話して

　放課後の職員室。そこは私にとってオアシスのようなところです。子供たちを帰してほっとしたのもありますが、やはり先輩方とたわいもない話をするのがとても楽しいです。このために学校に来ていると言っても過言でないぐらいです。

　クラスでの話だけでなく、趣味の話、家族の話、いろいろと話せて、聞けて、充実しています。そのたわいもない話が息抜きになり、仕事を頑張る原動力にもなっています。これからもたくさんお話してください。

❺1日に1コマは空きコマをください！

　これはただのわがままかもしれませんが、1日に1コマは空きコマが欲しいです。初任者の多くは仕事に不慣れで手際が良くないため、時間はいくらあっても足りません。そんな私たちにとって、授業と授業の合間で宿題チェックや次の授業準備などが出来れば、どれだけありがたいことか……。

　そうすれば、休み時間に子供たちと楽しく外で遊ぶことができます。また、6時間も授業をしなくてはいけないという心の負担も減ります。

　どうか、そのような思いも酌んで時間割を編成していただくことをお願いしたいです。

私たちが求めているもの

▶古い価値観を押し付けないで！

D 教諭

❶優しい気遣いが欲しい

若い先生こそ、初任者に優しい気がします。困っているとすぐに声をかけてくれて、丁寧に教えてくださいます。きっと今の自分と同じように困った記憶がある分、いろいろ気が付いてくださるのでしょう。

右も左もわからない不安の中で、このような気遣いをしていただくことは本当にありがたいと思います。是非、どの学校でも初任者に対しては、このような優しい気遣いをしていただければと思います。

私もたくさん学び、次年度以降、自分も初任の人が困っていたら助けてあげられる存在になれるように頑張ろうと思っています。

❷古い価値観の押し付けは止めて欲しい

ベテランの先生の経験に基づく知見はとても豊富で、尊敬しているところや真似していきたいところなどがたくさんあります。

しかし、そんな中で唯一、嫌だなと思うことがあります。それは「初任だからやらなきゃ。」「初任だからこれも経験ね。」と、いうような古い価値観の押し付けです。そのように言われても、今は初任という立場を全うしていることだけで精一杯なんです。それなのに「初任者だから。」と、余計に多くの仕事を増やされるのは、正直きついものがあると思います。

先輩方の時代もあれば、今の時代もあります。「昔もこんなことがあったけど大変だったよ。だから一緒にやろう。」と、助けてくださると、私たちはより頑張る気持ちになります。

❸「今日もお疲れ様」の一言が欲しい

どんな苦しいこと、嫌なことがあったとしても、一日の最後に「今日もお疲れ様。」と言われると、認められている気がしてとても励みになります。

日々、自分の教師としての資質について疑うことがあるのが初任者なので

はないかなと感じます。

　自分の仕事の成果に自信をもつためにも、この言葉はとてもありがたいと思っています。「お疲れ様。」とたくさん言ってくださる先輩方にはいつも本当に感謝しています。

❹納得いくタイミングで納得できるアドバイスが欲しい

　研究授業に向けた学習指導案作成時、先輩方は一緒に悩んでくださいます。とてもありがたいことです。しかし、完成した後になって「これだとこうじゃないか。」と、アドバイスされることがあります。

　正直、それは検討している時点でおっしゃっていただければと思うし、内容的に多少納得がいかない場合もあります。

　そんな時、私ももう少し柔軟に考えられれば良いのですが、一度まとまって納得した内容なのに、咄嗟にそれをどうするか考えを巡らすことは現段階ではまだ難しいところです。その時はとても悔しい思いをしました。

　高いモチベーションで本番に臨むための配慮をお願いしたいと思います。

❺先輩の方から話しかけて欲しい

　単純に私のコミュニケーション能力が低いだけかもしれませんが、自分から上司や先輩の皆さんに話しかけるのが苦手です。話しかけていただければ会話ができるのですが、こちらからだと何を話せば良いのかと考えるだけで緊張します。そのように思う初任者は他もいるのではないでしょうか。

　先輩方から話しかけていただけると、とても嬉しいです。私もたくさん話したいと思っています。ちょっとした会話から得られるヒントは多いのではないでしょうか。それが自らの成長につながるように努力します。

私たちが求めているもの

▶**授業が始まると
鳥籠にいる感覚になってしまう!?** E 教諭

❶これからにつながる助言を

様々な場面で先輩からいろいろ教えていただき、本当に助かっています。更に教員として成長していくためにも一つお願いがあります。「○○がいけない」と、悪い点だけを指摘されて終わりにするのではなく、「これからどうすれば良いか」という改善策を教えていただきたいです。

教員になる前に授業をしたのは大学生相手の模擬授業か教育実習での数回だけ。まだまだ経験が浅い初任者にとって、長い教員人生を歩まれた先輩方の助言は、とてもためになることです。だからこそ、より良くするための具体的な方法等を是非教えて欲しいです。

❷少しの元気づけを

教員採用試験に合格し、夢であった先生になれたと多くの人が思って4月からの教員生活をスタートします。私もそうでした。

しかし一般企業とは異なり、ある一定期間の研修等があるわけではありません。すぐに教壇に立ちます。何をすれば良いか分からない、何を聞けばいいのかも分からない、そうした不安とプレッシャーに押し潰されながら何とか乗り越えているのです。

放課後の職員室でもかまいません。「今日もお疲れ様。」と、一言ください。私たちはその言葉だけで救われ、明日も頑張ろうと思えるのです。ちゃんと自分の存在に価値があると思えるのです。些細なことと思うかもしれませんが、それが心細い思いをしている初任者には必要なことなのです。

❸教室の壁を超えたコミュニケーションを

授業が始まると、いつも鳥籠にいるような感覚になります。目の前に子供がいるのです。何か問題が起きても放っておいて教室外に出ることはできません。そのため「この後、何があっても自分一人で解決しなくてはならない

んだ……！」という孤独感に襲われてしまいます。

　もちろん学級担任である以上、それは当然のことかもしれません。ですが、5分休みや中休み、空き時間のほんの数分で構いません。教室を覗くだけでもいいです。ちょっと様子を見るだけで十分です。それだけで自分は一人きりではない、先輩方にサポートを受けていると安心することができます。

❹安心感のある職場環境を

　教育実習で行った学校では、ほとんどの先生方が教室に籠ってお仕事をされていました。もちろん一人で集中したいという気持ちもあったかと思います。でも、それ以上に私は「職員室にいたくないのかな。」「何かあるのかな。」などと思ってしまいました。実際、職員室でのコミュニケーションはとても少なかったです。

　そうした雰囲気では初任者は気を遣います。仕事がやりづらくなります。学級のこと、児童のこと、保護者のことなど常に悩みはありますが、そこに職場の人間関係でまで悩みたくありません。初任者を含む、現場で働く全ての人にとって、安心感のある雰囲気を創っていただければと思います。

❺細かなところまでの説明を

　初めての職員会議。どんなことをしているのかドキドキしながらパソコンと向き合いました。ですが、あまりの情報量の多さに驚きを隠せませんでした。その中での一番の衝撃は「去年と同じ内容ですので、各自ご確認ください」という言葉でした。

　内心「どうしよう、分からない……」と、マスクの下で口は真っすぐになっていました。その後、先輩の先生に詳しく聞くことができたため、概要が分かって本当に安心しました。

　職員会議には初任者もいるのです。教員としては常識に近い事項も、つい先日まで学生だった私たちには皆目見当もつかないことが多いのです。そのようなことにも十分配慮をしていただければと思います。

▶ 「新卒教師のナマの声」を受けて

岩切　洋一

　ここまでお示しした新卒教師の論考に流れていた通奏低音、それは「優しく接して欲しい」という思いです。私が相談を受けたビギナー教師の方々を思い浮かべる時、このことは確かに実感できます。多分、多くの新卒教師、ビギナー教師の皆さんも首肯されるのではないでしょうか。

　もし、上司や先輩教員の中で「何を甘えたことを言っているのだろう。」と、思われた方がいらっしゃったとしたら、そこに昨今、学校で起きている問題の大きなポイントがあることに気付いていただきたく思います。

　ビギナー教師の指導力や各種業務遂行力を高める。これは教育委員会や学校にとって非常に重要な課題の一つであり、遥か以前から鋭意取り組んできたものです。しかし近頃、その過程でビギナー教師のメンタルが疲弊してしまうことが目立っているのです。

　その理由を探るヒントとして『2022年度新入社員意識調査』（日本能率協会）から抜粋したデータを次ページにお示しします。

　ご覧いただくと「仕事について丁寧な指導をする上司・先輩」を理想とする人が大幅に増え、反対に「場合によっては叱ってくれる上司・先輩」「仕事を任せて見守る上司・先輩」が少なくなっています。

　つまり、以前（と言っても僅か10年ですが……）とは大きく異なり、若い方たちが上司・先輩に求めるものは厳しい指導ではなくなっています。更に、業務を進めるうえで、上司・先輩からしっかりと指導を受けたいとも望んでいます。

　つまり、現在のビギナー教師が必要としているのは優しく、かつ、細部に渡るまでの懇切丁寧な指導なのです。ところが、管理職やベテランがそのことを認識せず、自分が若い頃に望んでいた方法、当時の上司・先輩から受けてきた働きかけと同じ厳しめの接し方や一任という方法で若手と向き合ってしまっている。ここに問題の根幹があるのではないでしょうか。

〈 理想とする上司・先輩 〉

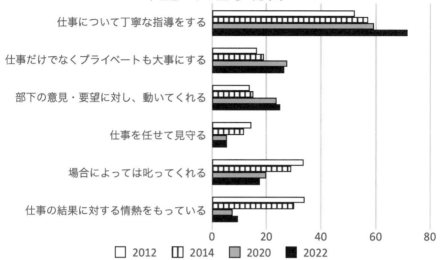

出典：2022年度新入社員意識調査（日本能率協会）

　本書第Ⅱ・Ⅲ章でお示しするケースの大半も、上司・先輩に悪意があってのことではなく、「きちんと指導して一人前にしてやろう！」といった善意・親切心が根底にあるのではないか……と、思えるのです。

　ただ、接し方を巡って双方に意識の差異があることから、若手が次第に追い込まれている。これが実情ではないかと思います。

　イギリスには次のような諺があります。

「馬を水飲み場に連れて行くことはできても　水を飲ませることはできない。」

　飲もうと思わない馬に無理やり飲ませる、飲めない馬に厳しく当たる……。

　まさに、現在の校内における上司・先輩―ビギナー教師間の諸問題を象徴する言葉だと思うと共に、問題解決の鍵はここにあると考えています。

　もしビギナー教師の立場で、上司・先輩からの指導のされ方に疑問があった場合、まずはご自身の思いを相手に率直にお伝えしてみては如何でしょうか。意外にあっさりと解決に向かうかもしれません。

　それでも難しい場合はどうするか……。

　その時はどうぞ第Ⅱ章以降をヒントにしてご対応いただければと思います。

その指導は「子供のため」になっているのか？

Q：習ってない漢字は書かせちゃダメ？

実例 漢字指導をめぐる管理職の毒語　　　　　　　　　G教諭

　私は現在、初任で1年生の担任をしています。自身も教師としての経験が浅いうえに、何もかもが初めて尽くしの1年生。児童も自分も、右も左も分からないような状況で、はじめは先輩の先生方のアドバイスを受けながら手探りの指導を行っていました。

　その中で先輩の先生方から受ける指導で、有難いことに納得のいく指導もたくさんありました。その一方で、「納得できない」と思える指導や、「それって子供たちのためになる指導なのか？」と疑問に思える指導もいくつかありました。また、その中には私自身が現在も、「これでよいのか」と思いながら行っている指導もあります。そのうちの2つをここで紹介します。

先輩の先生方から受ける指導で、訳を説明しない指導

　指導行為の説明がない指導、あるいは指導行為の説明があったとしても「昔からやっているから」「他の先生方もそうやっているから。」という説明しかない指導です。要は、「趣意説明」がない指導だと思います。

　私がよく言われたのは、「○○してはいけません。」という指導です。

　例えば、児童に自分の名前を書かせる際に、「1年生だから漢字で書かせてはいけません」「これまで1年生の担任をしてきましたが、漢字で書かせている先生はいませんでした」という指導をされたことがあります。

　もちろん、まだ平仮名も習い切っていない状態で、漢字を書かせるのは時期尚早であり、書字が整わなくなってしまう、間違った漢字を覚えてしまうという意見も分かります。しかし、それ以上に「伸びよう」「できることを増やしたい」という児童の思いを尊重することの方が大切ではないかと私は考えていました。むしろ、「教えていないことは児童にして欲しくない」という教師のエゴではないか、とさえ思ってしまいます。ですが、指導通りは

じめのうちは名前を平仮名だけで書かせていました。「漢字で書きたい！」と思っていた児童の表情は曇っていたように感じます。

　ですから、途中からは漢字で名前を書くことも許可しました。ただ、正しく書けているかどうかチェックはしています。それでも児童は、自分の名前を漢字で書けることに「やったー！」と表現していました。学校で教えられることだけではなく、自ら学んでいこう、伸びようという態度を大切にするためにも、児童に任せっきりにならないよう気を付けながら、適度に児童の判断に任せることを今後も試行錯誤していきたいです。

　趣意説明のない指導では、生活面においては「背筋はピン、足はぴったんができるようにしましょう」とか、学習面においては「漢字指導は毎時間2文字ずつ進めましょう」など、いろいろあります。そのうちのどれもが、「昔からやっている」「みんなそうしている」という理由です。学校の中で行われているのだから、一定の教育的効果があるにはあるのでしょうが、「子供のためになっているのか」と振り返ることも必要ではないのかと思います。

児童に何でもかんでも手取り足取り教え込もうとする指導

　よく「1年生だからできなくて当たり前です」「1年生だから一から教えないといけないから大変ですよ」「今のうちに教え込まないと後で困りますよ」と言われました。「本当にそうなのか」という疑問が常にありました。

　児童は学校では1年生ですが、幼稚園や保育園では最年長だったはずです。もちろん、初めてのことでできないことはあるでしょう。「鉛筆の持ち方」や「話の聞き方」など、学校生活の始まりに教えないといけないことはたくさんあると思います。しかし、自分でできることも多くあるはずだし、できなくなるのは「できない子たち」という前提で指導を進められているからではないか、とさえ思うこともあります。

　私が最近経験したのは、漢字ドリルの進め方の指導です。**「漢字ドリルは児童と一緒に進めないとだめだよ」「適当な字で書くようになってしまいます」「赤字で直すのが大変ですよ」**と先輩の先生は懇意に教えてくださいま

した。

　もちろん、丁寧な字で、正しく書けることはとても大切な力です。しかし、何でもかんでも手取り足取り「ここはとめ、はね、はらいです」などと教えてしまうことで、自分でお手本をよく見て書く力は育たないと思います。

　私は「お手本とよく見比べてごらん」「この部分はお手本と同じかな」などと児童に問いかけながら、気付きを促し、考えさせていく。できたら称賛し、価値付けをしていく、という風に指導をしています。そうすることで、書いた漢字を見直して、「あ、これではだめだ」と気付き、自分から書き直す児童がよくみられるようになりました。

　また、手取り足取り教師が教え、毎時間のように漢字ドリルを児童と一緒に進める方法では児童の「伸びたい！」という意欲を削いでしまうと考え、以下のような手立てを取っています。

　はじめのうちは一斉指導で、漢字ドリルの進め方を教えました。漢字の読みを音読することや、指書き、空書き、丁寧ななぞり書きを徹底させ、「○日までに p. ○まで進める。ドリルを持ってきて、漢字を見ずに空書きできれば合格。合格した漢字からノートを進めて良い。進みたい子は先に進んで良い」というルールにしています。

　こうすることで、先に進みたい児童は嬉々として漢字学習に取り組んでいます。「もっと進めたい！」「楽しい！」という声も聞こえます。もちろん、任せっぱなしではなく、思うように進めない、丁寧に書くことが難しいという児童には個別で手立てを打つことが大切です。しかし、この方法を取ることで「やらされている」というよりも、「自分で進めている」という感覚を児童がもちながら学習を進めることができていると感じています。

　「漢字ドリルの進め方を変えたい」と先輩の先生に伝えたところ、**「学習指導要領は読んだの？」「できなかったときに困るから、やらない方がいいと思うよ」**と言われました。ですが、今は自分なりの感性を大事に指導することも大切なのだと、漢字ドリルの指導を通して実感しています。

A：ビギナー教師のギモンと私のアドバイス（島村雄次郎）

　この二つの指導の事例の裏には、「学年の先生に任せています」「学年でそろえてくださいね」という管理職の見えない毒語が見え隠れします。

　1番目の事例は習っていない漢字を書かせないというよく見られる指導です。これについては学習指導要領に書いてあります。

> 当該学年より後の学年に配当されている漢字及びそれ以外の漢字については、振り仮名を付けるなど、児童の学習負担に配慮しつつ提示することができること。

　また、文部科学省の、「個別最適な学びと協働的な学びの一体的な充実」も示し、「漢字の使用について、学級の子供の実態に応じた指導を保護者が求めているのですが、どうしたらよいでしょうか」と管理職に質問してみるとよいです。

文部省 HP

　実際に私も管理職になった際、保護者からこの質問をされたことがあります。その後は学校経営方針の中にも示すようにしました。管理職はこれくらいの質問にはすぐに答えられるように日々見識を深めていきたいものです。

　2番目の事例は二つに分けて考えるとよいです。1つ目は、漢字指導は授業時間内に行わなければならないということです。一斉指導でドリルのやり方を教えた後は、数分でも漢字の学習時間を全員に保障するとよいです。「自分で進めている」という感覚をもたせることは大切ですが、やらせっぱなしではいけません。例えば、毎時間決められたところまで全員が習得できているかを空書きなどで一緒に確認するとよいです。これが教師の仕事です。

　2つ目は、できない子への対応です。学級には「自分で進める」ことが苦手な子がいます。その子に対しては、毎時間進んでいるのかどうかを教師が確認する必要があります。少しでも進んでいたら褒める。進んでいなかったら、その時間の中で励まし、少しでも進めさせる。これも教師の仕事です。

　管理職として先回りした指導ができるよう、毎日学級を回っています。

その指導は「子供のため」になっているのか？

Q：保護者に謝りすぎてはいけない？

実例 長文の連絡帳がくる背景をおさえよう　　　　　H 教諭

　私が、疑問に思った指導は、保護者対応において「謝りすぎてはいけない」ということです。初任者の時、保護者対応において「申し訳ございません。」という言葉をよく使っていました。自分が児童にしてしまったことでなくても、学校のことで、保護者に心配をかけてしまったのではないか、自分が初任だからこのようなことが起きてしまったのではないかという気持ちからです。そんな私の対応に対して、周りの先輩の先生によく指導を受けたのが、「謝りすぎてはいけない。」ということでした。初任者研修や教育書でも同じようなことを言われていました。これまで、保護者対応のポイントは学んできました。保護者の気持ちに共感して傾聴することや、事実を確認して丁寧に対応することなどが大切であると学んできたため、意識をして取り組んでいます。ですが、いざ保護者の方とお話しすると、難しいと感じることが多かったのです。

　私が初任者として初めて担任した学年は３年生でした。比較的落ち着いていて素直な子供たちが多い学級を持たせてもらいました。教員になり、初めて持つ学級、初めて関わる子供たちに、分からないことや不安もありつつも、なんとか３年生をスタートすることができました。

　４月の初めの学年会では、低学年から中学年への進級に伴って、少しずつ「自立」を目指そうと話がまとまりました。そのために、子供たち自身が自分のことは自分でやることができるようにしていこうと学年としての方向性を決めました。そのため、保護者の方にたくさん力を借りて過ごしていた低学年から、自分の言葉で保護者に説明したり、自ら考えて行動したりさせるように指導をしていました。

ところが、４月中旬のことです。学級に在籍するＡ児の母親から連絡帳がきました。これまで、連絡がくることがなかったのでどのような内容かと不安に思いながら読むと、次のような内容が長文で書かれていました。

「漢字ドリルの宿題のやり方が分かりません。仕事が終わり、家に帰ってから宿題を見る親からするとストレスです。」

　私にとっては、このような保護者の強い気持ちが伝わる連絡は初めてでした。しかし、Ａ児の宿題のやり方が違っていることはなく、児童にやり方の指導をする時間をとって確認もしていたため、どこかで誤解が生じていると思い、それについて保護者に説明をしたいと思いました。

　すぐに、学年主任や指導教諭、管理職に相談して、放課後に電話で対応することになりました。放課後になり、電話をかけてみると、かなり怒った様子が伝わってきました。しかし、冷静に対応しようと次のように話を始めました。

「本日は、ご連絡をいただきありがとうございました。宿題の件について、ご心配とご負担をおかけしてしまい申し訳ございません。宿題のやり方について、分からないとあったのですが、Ａさんの今のやり方で合っています。以前、学級で確認したやり方でしっかりとできていますので、ご安心いただければと思います。」

　すると、

「ああ、そうですか。分かりました。息子は、自分のことをしっかりとできないので、やり方を保護者にも説明してもらわないと困ります。１・２年生の時は、しっかりと説明があったのに、３年生になってなくなって、たびたび困ります。それと、学習や生活についても『自立』を目指すと、学年保護者会で話していましたが、うちの息子には無理なので、しっかり見てもらわないと困ります。」

と、話をしてきました。私は、連絡帳に書かれていたこと以外の話を次々とされ、戸惑いました。

　しかし、私はＡ児が、自分の力でできるようになって頑張っている姿を

見ていたので、その部分を伝えて安心してもらおうと思い、話をしました。しかし、何を伝えても保護者の気持ちは落ち着かず、次々と違う話をされました。学級通信は出さないのか、息子の落とし物や忘れ物がなくなるように工夫はしてくれないのか、などと次々に。しまいには、

「1・2年生の担任の先生は、こんなこともしてくれていたのにやってもらえないのですね。同じようにやってくださいとは言わないけど、ギャップがありすぎます。」

とまで言われてしまいました。

　私としては、これまでのやり方とは違っていても、A児に対してできる限りの力を尽くしているのにという気持ちで聞いていました。ですが、だんだんとそこまでストレスに感じさせてしまっていたのかと自分が悪いと思い始めました。

「申し訳ございません。」と、保護者に何かを言われるたびに、聞くことしかできずただただ謝っていました。自分が担任でなかったら、このような思いにならなかったのではないかと考えて始めてしまったからです。全てが納得いく内容でなくても、自分の経験のなさは、自分が一番分かっていたからです。それから、1時間ほど話をして、なんとか電話を切りました。

　すぐに、学年主任や指導教諭、管理職に報告をしました。そのときに、どの先生からも指導を受けたことが1つありました。それは、やはり「謝りすぎてはいけない。」ということです。

　ですが、初任だった私にとっては、「じゃあ、なんと返せばいいのですか。」という疑問の気持ちで一杯でした。具体的なアドバイスはしてもらえなかったからです。保護者への対応の仕方はケースによって様々であると思います。会話のやり取りが一つではないからこそ答えがないことも分かります。

　ですが、私が初任の時に体験したケースのように、初任者や若手だからこそ感じる思いにどのように向き合い、保護者に対応していけばいいのでしょうか。

　保護者からの苦情対応の第一声は、「ご心配、ご不安、ご不快な思いをさせてしまったこと、本当に申し訳ありません。」これが定番です。不快な思いをさせたことを謝るのです。こちらが悪かったということで、謝るのではありません。ここのところは、心得ておきたいです。

　さてＨ教諭に「謝りすぎてはいけない」と言ったのは、管理職などの言葉が足らない、説明不足です。謝ることは悪いことではないのです。ただ、何でも謝ってすませるのではなく、相手の気持ちを酌み取り、理解した上での謝罪をしていきましょう、そういう風に指導すれば良かったのです。保護者としっかりと話をして、改善策を示した上で、指導が足らなかったことを謝罪すればいいのです。

　しかし、この事例の問題点はそこにはありません。学年主任や指導担当の教諭、管理職に相談した上で、放課後に電話対応したこと、ここに問題点があります。管理職などが新卒教師に電話対応を指示したこと、これこそが問題なのです。電話対応は１対１です。まして新卒教師です。これこそがこじらせた原因です。

　長文の連絡帳が来るような保護者の多くは、何らかの問題を抱えています。対応の難しい保護者であることはまちがいありません。

　この場合は電話ではなく、「詳しく説明したいのでお目にかかってお話しさせていただけませんか。」と言って面談することです。面談の際は、学年主任などが同席して、複数対応をします。新卒一人にやらせてはいけません。面談に際しては、開始時刻と終了時刻を明示してお願いすることが必須です。終了時刻がないと、時間無制限になってしまうことがよくあります。面談はどんなに長くても60分です。それを超えての面談は同じ話の繰り返しになります。

　保護者対応は最初が肝心です。特に問題を抱えている保護者は第一印象ですべてが決まります。悪印象をもたれると、あとで取り返すことはまず不可能です。「良いことは電話、悪いことは面談で」これが原則です。

その指導は「子供のため」になっているのか？

Q：「やるべきことはやる」と 伝える指導って？

I 教諭

私のクラスのA児

　私が、疑問に思った指導は、「やるべきことはやる」と伝える指導について、です。

　私の学級に在籍しているA児は、他の児童と比べて言動が幼く、行動が遅れます。また、学力は、平均より若干低い程度ですが、集中力が乏しい傾向にあります。

　授業の始めは私から声を掛けないと筆記用具等を飛行機のように見立てて空中で回したり、定規や消しゴムなどでままごとのようなことをしたりして、自分の世界に入り込んでいます。声を掛けた後も、5分から10分ほどたつと再び自分の世界に入りこみ、遊んでいます。また、帰りの支度や準備等をしていてもすぐに違うところへ行ったり、他の児童と話をしたりしています。クラスの児童は、そのようなA児に時々、あきれたり、怒ったりする様子はあるものの、A児を助けることの方が多くあります。

　A児の口癖は、「できない。」です。何かに取り組む前の初期の段階で言うのです。そのため、「Aさんはきっとできるよ。一緒にやってみよう。」と声を掛けます。すると、しばらくしてからやり始めます。

　また、体を動かすことが得意ではないため、体育も積極的に参加をしたがりません。時々、体育着に着替えずに、「参加したくない。」と主張するときがあります。理由を尋ねると、「できないからやりたくない。」と答えるのです。その場合私は、「じゃあ、一人で教室にいても心配だから、見ているだけでもいいから一緒に体育に行こう。」と言って、一緒に行きます。一度だけ、体育館での授業の際に、体育館の中にも入りたくないということがありました。その時は、体育館の入り口から体育の様子を見ていました。

「やるべきことはやる」と伝える指導って？

　先日、運動会が実施されました。種目は、表現と徒競走でした。

　昨年度、Ａ児は、表現の練習で全く参加しなかったという話を聞いていたため、今年も参加しないのではないかと懸念していました。

　案の定、学年の練習では、他の児童が音楽に合わせて踊っている中、一人ポツンと立っていました。移動の際も、全員が走って移動をしている中、一人ゆっくりと歩いたり、途中で立ち止まったりしていたのです。

　私はＡ児に、「どうしてやらないの。」と尋ねたのですが、無言のままでした。そこで、クラス全体としての運動会への意識を高めたいという思いもあったため、以下の内容をクラス全員に向けて話しました。
「今年の運動会は、このクラスでできる最初で最後の運動会です。なので、全員で一緒に成功させたいという思いがあります。一人でもその思いが欠けていたら成功はしません。みんなで最後まで頑張っていきましょう。」

　このような思いを伝えたことで、意欲をもった児童もいました。

　しかし、Ａ児の運動会への姿勢は変化が見られませんでした。そのＡ児の様子について、学年の教員に相談しました。

　先日私が自分の思いを伝えたことをお話しすると、「自分の感情を伝えても、子供（特に低学年）には伝わらない。運動会の練習は、やらなければいけないことだから、やらせるしかない。」と言われました。また別の先生からも「やるものだと伝えてやるよう指導するべきだ。先生は優しいから。」とご指導いただいたのです。

　ですが、私は果たしてそれで良いのかと疑問に感じました。

　この数ヵ月間、Ａ児と共に過ごしてきました。Ａ児が意欲をもって取り組む姿も見てきました。確かに、運動会の練習はやらなければならないことです。やらせるべきことです。しかし、Ａ児には、Ａ児なりの課題があるためこれまで通り「できない。」と思っているからこそ、やらないのではないのでしょうか。

　また、上記のような感情をぶつけることが私の指導の甘さであり、しなけ

ればならないことをきちんと伝えることも必要ではないかと考えました。私は、Ａ児に「運動会はやらなければならないことだからやります。」と伝えました。すると、少しむっとしながらも練習に徐々に参加するようになったのです。その様子を指導教諭と話しました。そのことを伝えたこともＡ児が参加し出したきっかけかもしれないが、周りの他の児童が頑張る姿に触発されたのではないかということでした。

そして残った疑問

　運動会当日、Ａ児も無事に踊りきることができました。Ａ児に対する指導について、どうすることが正しかったのか疑問です。

　私のように単に自分の熱意を伝えて、感情に訴えるだけでは児童のやる気を引き出すことは難しいのかもしれません。若手だからこそ感情に訴えるのかもしれません。しかし、「これはやらなければならないことなんだ」と伝えるだけでは、ただ理由も分からずにやることになり、児童が自ら行動しようとする主体性に結びつかないのではないでしょうか。

　また、私はＡ児が「できないからやらない。」ということを学年の教員に伝えていません。そのため、もしそのことを伝えていたらまた違う指導をしていただけたのではないだろうかと後悔しています。

　現在Ａ児は、体育の授業に参加をしています。他の授業も集中力は続きませんが、以前より集中できる時間が増えて、自ら進んで行動する場面も増えてきました。

　しかし、再び以前のようにできないから参加したくないという時がくる可能性があります。その時、私は何とＡ児に対して指導したらよいのでしょうか。

　また、この先教員を続けていく中で進んで参加しない児童にどのような声掛けや支援をしていけばよいのでしょうか。また、他の児童への配慮はどうすればよいのでしょうか。

　若手教師としての誠実さが感じられる悩みですね。

　指導の原則は「教えて褒める」です。今回の場合は「細分化」を加えると良いと思います。

　今回、表現をいくつに分けて指導したかは分かりません。ですが、おそらくA児にとって1回あたりの内容が多すぎたのだと考えられます。だから、難しすぎると感じ、やりたくなくなってしまったのでしょう。

　例えば、「右手を斜め上に伸ばしたまま8歩進む」という動きを指導するとします。その時は①右手を挙げる、②8歩進む、③右手を挙げて8歩進む、と細分化して教えるのです。

　教える時には、「手がピッと伸びて格好良いね」「リズムに乗っているね」と褒めながら、テンポ良く進めます。細分化すると一つ一つの内容が簡単になるため、丁寧な指導では子供が飽きてしまうのです。

　全体指導でこうやってもらえれば助かるのですが、そこまで考えている担任は少数派です。ですから、休み時間などを使ってA児に個別指導をすることになります。

　ただし、A児だけを指導していると周りが「できない子」と見てしまうかもしれません。休み時間に「先生のスペシャルレッスン、Aさんと一緒にやりたい人？」のように楽しそうに行うと、他の子も巻き込み、明るい雰囲気で指導ができるでしょう。

　今回は運動会を例にお話しましたが、基本はどの教科・学年でも同じです。子供がつまずきそうなポイントを見つけ出し、そこを細分化し、テンポ良く指示し、教え、褒めるのです。

　その際の指導の順序は「全体から個」です。算数の場合は、全体に練習問題をするよう指示をしてから個別指導を行うと、全体もざわつきませんし、個別指導も目立ちません。

その指導は「子供のため」になっているのか？

Q：どうしてやらなきゃいけないの？

実例 意図がよく分からないご指導と助言　　　　　　　J教諭

　私はこの４月に採用され、５年生担任となりました。昔からの地域にある学校です。授業参観や行事には多くの来校者があり、地域からの支援も厚いものがあります。子供たちも比較的落ち着いていて、何事にも真面目に取り組みます。ただ、学力格差は大きいものがあり、低位の子供を如何に伸ばすかが全校的な課題となっています。

　そんな学校で始まった私の教員生活。先輩方は大変親切にご指導してくださいます。恵まれた環境にあることを何度も感謝したものです。

　しかし……、中には少々納得し難い指導・助言もありました。その意図が全然分からないのです。以下、そのうちの二つの事例をご紹介します。

休日の地域行事への出席命令「何故？」

　４月中旬、出勤直後に校長室に呼び出され、次のように言われました。

「翌週の日曜日に、連合町会主催の地域フェスティバルがあります。J先生は学校代表としてそれに参加してみてください。２年目のA先生も昨年出席していますよ。よろしいですね。」

"うそでしょ!?これって休日出勤を強いるということ!?""何で自分だけ？"

　正直、採用されて以来、生活リズムの変化もあって心身共にヘトヘトになっていたところです。休日はゆっくり休みたいと思っていた矢先にこの言葉。私は心が萎えるのを覚えました。しかし、校長の命令に逆らうだけの勇気もありません。問答無用という雰囲気の中、結局は了承してしまったのです。

　職員室に戻ってA教諭に尋ねてみると、次のように言われました。

「自分も昨年は駆り出されたよ！地域に協力する姿勢を見せたいのかね？」

　仕方がない。「これも初任者の通る道」と、腹を括ることにしました。

　…フェスティバル２日前の金曜日。クラスの子供たちは口々に「J先生もフェ

スティバルに来るの？私は凄く楽しみ！」などと、大はしゃぎでした。

「そうかあ、子供たちも来るんだな。彼らと楽しい１日にしようかな？」

　私は気持ちを切り替え、子供との距離を縮める機会にしようと思いました

　快晴の当日、会場の公園は大盛況でした。自校の子供たちも大勢来ていて「Ｊ先生も来たんだ！一緒に回ろう！」と、私の周囲を取り巻いてくれました。日頃は一緒にいることが少ない他学年の子供たちともたくさん話ができ、とても楽しい時間を過ごすことができたのです。

　更に「孫がいつもお世話になります。」と、ご挨拶いただける高齢の方も多くいらっしゃり、何人もの皆さんと知り合いになることができました。

　結局、この日は昼食も出店の焼きそばで済ませ、夕方まで公園にいたのです。しかし、疲れて帰宅し、翌日の準備を始めた途端に「来週は長く感じるだろうなあ……。」と、心が重たくなりました。気持ちを切り替えたおかげで、確かに楽しい時間は過ごせました。でも……。

「何で私だけ指示されたのかな？代休も無いのに……。わけがわからない！」

　釈然としない思いが残りました。せめてあの時、次のような話だったら……。

「翌週の日曜日に、連合町会主催の地域フェスティバルがあります。子供や保護者と顔見知りになれる絶好のチャンスです。Ｊ先生も良かったら参加してみませんか？決して無理にとは言いませんが……。」

放課後の個別指導禁止「何故？」

　私のクラスには学習の理解がなかなか進まないＢ児がいます。

　９月初旬。夏休みの課題もやり残しており、１学期の学習内容も忘れてしまっているＢ児をそのままにするわけにはいかず、私は放課後に残して個別指導をすることにしました。その日は職員作業日に充てられており、会議等もまったく入っていなかったのです。

　他の子供を帰した後、１対１で向き合って細かく教えることができました。１時間程続けるとＢ児の取り組むプリントにはたくさんの丸が並んでいき、とても嬉しそうな笑顔を向けてくれるようになったのです。私も充実感を味

わいながら指導を重ねていた、その時です。

「何をしているんですか!?下校時刻を 10 分過ぎていますよ！こんなに遅くまで！保護者には連絡してあるのかね!?」

　突然、廊下からこんな声が響きました。副校長が険しい表情でこちらを見ていたのです。

　私も驚きましたが、Ｂ児は強張った顔で身体を竦ませてしまいました。

「早く下校準備をしなさい。」「遅いなあ！」「途中まで送って行きなさい。」

　副校長はあたふたと後片付けをしている私たちに、矢継ぎ早に怒声を浴びせてきました。Ｂ児はもう半泣きになり、私も次第に怒りが込み上げてきました。しかし、教員間で対立する姿を子供に見せるわけにはいきません。何とか心を落ち着かせ、怒られる理由は全然わからないまま、副校長に何度もお詫びをしつつ、足早に教室を後にしたのでした。

「ごめんね！あなたは全然悪くないからね！気にしないでね！許してね！」

　私は涙を浮かべ続けるＢ児に繰り返し声を掛けながら、自宅まで送っていきました。しかし結局、Ｂ児は悲しげな表情で玄関の中に消えたのです……。

　帰校後、副校長は私を見ても今回のことには何も触れず、いつもの表情で黙々とご自分の仕事をされていました。

　……それ以降、私は放課後に子供を残留させる際、何があっても事前に保護者の許可をとるようにしました。このことに管理職が何故そこまで気を遣うのか、私には理由がわかりませんでしたが……。

　電話の向こうで大多数の保護者はこのようにおっしゃっていただけます。

「わざわざご連絡いただき、すみません。気にされなくて良いのに……。」

　しかし、副校長のあの剣幕を思い起こすと、私は意地でも毎回必ず連絡をしようと心に誓ったのでした（何せ意地っ張りの私です）。

　せめて、次のように言われていればＢ児も私も傷つかずに済んだのに……。

「Ｂさん、よく頑張ったね。でも、もう遅い時間です。Ｊ先生、保護者も心配するからそろそろ終えて、下校させるよう準備をしなさい。」

　これって、社会をよく知らない新人の甘えなのでしょうか？

A：ビギナー教師のギモンと私のアドバイス （岩切洋一）

　論語の一節に「由らしむべし知らしむべからず」というものがあります。為政者は人民を施政に従わせればよいのであり、その道理を人民にわからせる必要はない、という意味です。しかし、指示の意図を納得していない場合、その時は従っても、意識が薄いだけに時間の経過と共にそれに反する行動が現れ始めます。その結果、人によって対応に差異が生じ、組織が混乱し始めるのです。Ｊさんの学校の管理職はその点の理解がやや浅いようです。

　さて、まず、休日の地域行事に参加を求められた件です。『公立の義務教育諸学校等の教育職員を正規の勤務時間を超えて勤務させる場合等の基準を定める政令』によって、時間外勤務として認められているのは校外実習や修学旅行、職員会議、非常天災などの４項目だけ。それも臨時または緊急の止むを得ない必要がある時に限られています。地域行事は該当しないため、命じられていたのであれば、それは違法行為となります。

　ただ、私も転入者や新規採用の教員がいた時は地域行事への参加を提案することがあります。それは地域住民や保護者との顔つなぎ、子供との関係深化のためです（今回、Ｊさんが体験したのと同じです）。これによって各々の教員が地域人材の活用や連携した教育活動、日常の授業を円滑に進められるようになることを企図しています。もちろん無理は禁物ですが、余裕があるのなら「損して得とれ」という発想で対応していただけたらと思います。

　次に、放課後学習の件です。ＪさんのＢ児への気持ちは素晴らしい限りですし、子供を前にしての副校長の言動にも確かに問題を感じます。

　しかし昨今、子供に関する物騒な事件が頻発しています。特に下校時間帯を過ぎると、子供を見守る目が少なくなります。地域によっては通学路にその子一人だけ、という状況さえ生じ得ます。残留の際に必ず連絡するという対応は適切ですが、下校させる時間にも十分な配慮を図るべきです。

　子供を向上させるのは私たちの重大な責任ですが、安全配慮義務を履行することはそれ以上に重視すべきものです（ちなみに本件のように子供と二人きりになるのは同性であっても避けてください。あらぬ誤解のもとです）。

学級経営をめぐる「ご指導」での毒語

Q：なぜ私の知らないところで児童に指導をするの?

実例 先生は初めてなのだからこうした方がいいよ　　　　K教諭

　私は新卒の時、2年生の担任を任されました。

　更に私のクラスには、教師を定年退職したA講師が補助に入っていただくことになりました。大学を卒業してすぐに教師となり、右も左も分からない私にとって心強い存在になるはずだと思いました。

　子供たちとの生活は、期待以上に充実したものでした。授業中には多くの子供が積極的に発言したり、休み時間には私の周囲に大勢が集まって来て一緒に鬼ごっこをしたり……。毎日があっという間に過ぎていくのを感じました。

　しかし、A講師からすれば物足りないことばかりに感じたようです。次のように言われる毎日でした。

「先生は初めてなのだから、こうした方がいいよ。」

　そして、授業の進め方から掲示の仕方、学級のルールなどについてたくさん指導をしてくださいました。私も自分の力不足を痛感していたので、その指導に応えようと一生懸命頑張りました。

　しかし5月頃になると、ことあるごとに「初めてなのだから」と言われ続けることが、心に引っ掛かるようになりました。それと同時に、学級に対する考え方も違うように感じ始めたのです。

　私は、子供が楽しくのびのびとしつつも、メリハリのある学級経営をしたいと考えていました。しかし、A講師はかなり学級をきっちりさせたいようで、徐々に双方の考え方の違いが露わになっていきました。

　そのため、私は努力していたにも関わらず、A講師から肯定的な声掛けをされたことはなかったのです。

　7月頃からA講師からの指導を受けることはなくなりました。代わりに児童に直接指導するようになってしまったのです。そのことで、何か目に見えない不安定な空気を学級に感じました。

また、この頃になると子供たちがこんな言葉を頻繁に口にし始めました。
「Ｂ先生はこう言っていたよ。」「昨日はＣ先生からこう言われたよ。」

　どうやら、Ａ講師に限らず、先輩方から様々な指導を受け、どれに従えば良いのかわからなくなっている様子です。

「Ａ先生ではなくＢ先生やＣ先生が…？私には何も言われなかったけど…？」

　私は釈然としないものを感じました。

　そして７月上旬、間もなく１学期が終わろうとしている時、教務主任にこんな言葉（＝毒語）を告げられました。

「Ａ先生は、あなたが全く話を聞いてくれないと悩んでいて、教務主任の私に相談していたのです。専科の先生もあなたの学級の様子に不満があり、それぞれが指導してきました。学級は落ち着いたでしょう。」

　衝撃で何も返答できませんでした。

　何せ、それまでに私の学級のことを話してくれた方は皆無だったのです。
「皆さん多忙だから、私の学級の様子まではご存知ないのだろうなあ……。」と、思っていた程です。ところが、私の知らないところで子供たちへの指導を繰り返し、それを突然に誇らしげな様子で伝えられたのですから、たまったものではありません。こんな理不尽なことがあって良いのかと強く思いました。

　この言葉は疲弊していた心に止めを刺されたようなものでした。暫くは立ち上がることさえできなかった程です。

　10月、今度は多くの先輩から「あなたの学級は崩壊している。」と言われ続けるようになりました。時には複数名の先輩から１時間以上に渡って苦言を呈されたこともあった程です。私のメンタルは相当参っていき、校長から「頑張ろうね。」「私も若い頃は同じだったよ。」と、たびたび慰めていただいた程です。

　私がこのころ一番疑問だったのが、なぜ、私の学級が学級崩壊だと思われていたかということです。私の学級にも特別な支援を要する児童は複数名いました。それでも、授業は成立していました。

しかし、ある日、私自身にも問題があることに気付きました。何より、Ａ講師や周りの先輩方との対話が少なかったことです。毎日多くの指導をいただいていました。しかし、私がＡ講師に質問をしたり、クラスの状況について話したりするなど、こちらから相談することは少なかったのです。

　また、先輩方からも言われたことをただ聞くだけで、私と他の先生の学級経営に関する考え方のズレをもっと相談したり、他のクラスを見学させてもらったりするなどはしていませんでした。この態度が周りの先輩教師に「同僚の話を聞かない」という誤解を与えてしまったのではないかと考えるようになりました。

　もし、私のこのような姿勢が異なっていたら、先の言葉も次のような言葉になっていたかもしれません。

「学級経営で悩んでいるようですね。解決するためにＡ先生は勿論、専科の先生にも相談して改善を図ったらどうですか。それぞれが場面ごとに指導を重ねていけば学級の様子も落ち着いていくはずですよ。」

　そうすれば自分が知らないところで指導が行われることもなく、最初から協力体制のもとで課題解決に当たり、Ａ講師や、先輩方との関係も深刻化する前に改善が図られていたかもしれません。

　私の不遜な姿勢が子供たちにも迷惑をかけたのだと思います。大いに反省し、これからは独善に陥ることのないようにしようと決意しました。

　それに気付いて以降、周囲からの指導・助言を聞き入れることを心掛けると共に、たくさん対話をすることを心がけ、周りとのズレを認識し、学級経営に生かそうと考えました。

　同時に、積極的に校外での教育サークルにも参加するようにもしました。多くのことを学ぶうちに学級は次第に落ち着きを取り戻し、再び楽しい毎日が戻ってきたのです。

「謙虚さは身を助ける」毒語のおかげで感じた大切な教訓です（苦笑）。

※でも失礼ながら、勝手を申さば「先輩方ももっと早い段階で私の姿勢について指摘していただきたかったなあ……。」と、少し思ってしまう私でした。

A：ビギナー教師のギモンと私のアドバイス（向山行雄）

誤解を恐れずに言えば、学校運営に責任をもつ者ほど、初任者の着任を忌避したがります。「即戦力」の初任者もたまにいますが、ほとんどの場合、まずまずの一人前にするまでに、着任年の夏休みくらいまでかかります。今日の忙しい学校では、それだけの猶予期間をとることは厳しいのです。

近年の初任者教員の大量配置は、円滑な学校運営を進める上で大きなリスクです。教育委員会も学校管理職も、できるだけリスクを縮減したいと考えます。

一方、ある程度資質のある初任者教員の配置は、学校組織を若返らせ、精気をもたらします。しかし、それは、あくまで教師として最低限の資質が担保された初任者教員の場合です。近年の教員採用選考倍率低下で、従来なら、不合格だった教員も大量に採用されています。教員としての基礎的な知識や技能、使命感、服務規律、社会人としてのマナー、健全な身体などに問題があっても、採用選考をスルーしてしまいます。

初任者教員を迎える学校は、十全に事前準備します。初任者研修計画の策定や実施、指導教員の指名、様々な後補充、円滑にデビューさせるための保護者等への周知、事務手続きや必要物品供与など、多岐にわたります。

本事例では、周りの教職員とのコミュニケーション不足の様子が取り上げられています。詳細が不明ですが、よくあるケースです。私も、教育委員会の初任者研修担当指導主事、校長としての初任者指導を通して、本事例のようなケースをたくさん見てきました。トラブルになったケースでは、初任者教員、指導教員の両者の言い分も聞きました。

私の経験では、初任者教員のコミュニケーション不足に問題がある事例を多数、散見しました。先輩教員は、期待をして待っているのに、初任者教員は相談に来ません。周りは、初任者教員に（圧）を感じさせぬように、遠路しがちに見守ります。

本事例でも、Kさんにもう一歩、踏み出して欲しいと思いました。「失愛恐怖症」の呪縛から抜けだせるかどうかに、鍵があります。

学級経営をめぐる「ご指導」での毒語

Q：「ちょっといい？」ってなに？

実例 思いつきと見切り発車にモヤモヤ　　　　　　L教諭

　私は音楽の教員としてその学校に赴任しました。

　大学で音楽科教育は受けてきましたが、授業をするのは当然初めてです。毎日が悪戦苦闘の連続。でも、子供たちとの遣り取りは新鮮な驚きとちょっとした感動を味わうことができ、私は充実した日々を送っていました。

　その学校には前年度まで他校にて音楽を担当していたA教諭が勤務していました。過去の音楽科指導歴は30年以上の超ベテランの先生です。

　私も一生懸命授業に取り組んでいたものの、経験値の差はとても大きいものがありますから、当然いろいろと気付くことも多かったはずです。A教諭はきっとムズムズとしていたのでしょう。

　ある日、A教諭は授業を途中から見にきてくださいました。そしてしばらく後方から私の授業を参観していたかと思うと突然、こんな言葉をかけられたのです。

「ちょっといい？」

　そう言うとA教諭は教壇の真ん中へ……。

　事態が呑み込めずに狼狽する私でしたが、気圧されるようにして場所を譲ると、A教諭は突然自身で授業を始められたのです。

「今のところは○○なのです。歌ってみましょう。ではもう一度……。」

　そして一通り指導すると、満足したのか「邪魔してごめんなさい。」と音楽室を出ていきました。

　ほんの5分にも満たない時間だったと思いますが、まるで竜巻のようなひとときでした。子供たちもあまりの唐突さに困惑し、声も出ませんでした。

　私は「L先生の指導では不十分です」と子供に向かって言われたような気分になりました。でも、確かに子供の歌声が少し良くなったのは事実です。釈然とはしませんでしたが、私は放課後にA教諭のところに赴いてお礼を伝

えると共に、授業に対するアドバイスをいただけるようお願いしました。

　すると、A教諭はこう言ったのです。

「あなたはとても頑張っているから、あなたのやり方で良いのです。」

　ハァ……？（私の心の声）

　そんなはずがありません。初任者の授業なのですから、改善点しかないことくらい自覚しています。A教諭だって私の授業についていろいろな課題を見つけ、いろいろな思いが湧いたことと思います。だからこそ、口を挟まざるをえなかったはずです。それなのにまったく教えてもらえないのです。

「指導方法やちょっとしたコツなど伝えてくだされば、授業全体がより良くなっていくのになあ。」と、もどかしい気持ちになりました。

　同時に「それならば何故、子供の前で私の授業を否定するような行動をしたのかなあ。」と思い、何だかモヤモヤした気分だけが残りました。

　結局、教室や次時以降の授業でも子供たちにフィードバックはなく、僅か一度きりの指導でしたから、A教諭が折角伝えてくださったことも子供たちには何も残っていなかったのです。もったいないなあと思いました。

　その後も同様のことがたびたびありました。

　合唱祭の数日前、歌唱練習をしている時にも

「ちょっといい？」

と、私に代わって突然伴奏を始め、終了後にはこんなことを言ったのです。

「伴奏から彼らの歌を変えられる点がたくさんあるから、私がやろうかなと考えています。でも、L先生の邪魔をしたいわけではないから悩んでいるのです……。」

　ハァ……？（私の心の声）

　私はそれまで何度も、A教諭に「伴奏の弾き方を教えてください」とお願いしてきました。しかし、そのたびに「それではL先生の時間を奪って申し訳ないから。」と教えてもらえなかったのです。それなのに突然?!

　今回も釈然としませんでしたが（前回以上に……）、子供たちが気持ち良

く歌うことができるなら！と、伴奏はＡ教諭にお願いすることにしました。

　しかし、あまりに直前すぎたのでＡ教諭の伴奏での練習は本番前の一度だけ。さすがに子供たちの歌声が変化することはなく、誰もが私に言われるまで伴奏者が変わったことにすら気がついていませんでした。

　また、卒業式の歌唱指導でもありました。

「ちょっといい？」

　突然指導が始まり、ついには「あなた歌ってくれる？」と、まさかの私のソロ歌唱……。これは音楽の教員の歌い方を参考にさせたかったそうなのですが、子供たちは参考にするどころか「音楽の先生が皆、歌が上手とは限らないよね。」と気を遣わせただけでした（私が下手なのがいけないのですが……）。

　どの場面においてもＡ教師の指導法や考え方には熟練の技がありました。それを目の前で見ることが出来る事は大変有難く、貴重な機会ではありました。しかし、これらを事前に伝えて頂き計画的に進めることができていたらと、突然の見切り発車に対してモヤモヤしました。放っておくのか、二人三脚でやっていくのか、どちらかにして欲しいと常々思っていました。

　もし、次のような言葉を事前に言われていたら、私はＡ教諭を神様のように崇めていたはずです（大袈裟でなく……）。

「この指導は○○すると良いと思う。その理由と授業を見ていて気付いたことは後で改めてまた伝えるから、取り敢えずやってみなさい。」

　ただ、今から思えば、初任者が自分で考えた指導の形を邪魔してはいけないと気を遣って普段は任せておき、最後に少しだけ更に良くなればと手を差し伸べてくれたのかなとも思います。

　折角経験豊かな大先輩が身近にいたのです。何回断られてもＡ教諭が私の思いを汲み取ってくれるまで伺い続ければ、子供達により良い学びを伝えることができたように思います。一匹狼になっていた自分を反省しています。

※でも、やはり「ちょっといい？」は、ちょっと、ねえ……（笑）。

　こういうのを「介入授業」といいます。常識的には失礼なことですから、普通はやりません。もともとは、斎藤喜博の教授学研究の会で実践されてきたことで有名です。参観者が授業中に横から口をはさんだり、授業を交代したりします。私の師である向山洋一も著書『国語の授業が楽しくなる』の中で、授業終了直前に「５分間だけ授業をさせてくれませんか」と言って担任の授業者と交代したことを述べています。私たち TOSS の研究会でも、模擬授業でならそうしたことをする場合があります。

　いずれにしても、その介入授業が介入された教師にとっても、子供たちにとっても、価値の高いものになるためには、やはり条件が必要です。

　第一に開放的なムードです。

　介入する教師と介入される教師と、そして子供たちとの間の信頼感が高く、開放的で自由な雰囲気が醸成されていなければなりません。

　第二に事前の合意です。

　「ちょっといい？」でいきなり介入するのは、よほどの例外的なことでもなければ通常はやりません。このＡ教諭のような立場なら、「もし気がついたことがあったら途中で私が授業を代わってもいい？」とあらかじめ予告していればまた違ったでしょう。

　第三にその意味の共有です。

　授業の途中で介入して実際に代案を実演するのです。当然ですが、介入授業のほうが優れていなければなりません。子供たちが熱中したり、思考が促されたり、ポイントが絞られたりするはずです。介入者は、その場で、あるいは授業後に「なぜ介入したのか」「介入したポイントはなにか」等について、若手に語って意味付けをすることが必要です。

　この事例では、これらの点が満たされておらず、かなり乱暴な介入になっていますね。その経験をＬさんが活かしながら、いずれ立場が代わったときにご自身の後進の指導に活かしていただければと思います。

学級経営をめぐる「ご指導」での毒語

Q：私の提案は「どうでもいいこと」なの？

実例 新規の提案を「どうでもいいこと」と言われた　　　M教諭

　初任者時代、私は４年生担任で校務分掌は生徒指導部。主に避難訓練を担当していました。学級経営や授業についてはド素人のようなものですから、先輩諸氏に多くのことをご指導いただきながら進めていました。随分ご面倒をおかけしていたものです。その分、せめて分掌の仕事については自力で企画・運営をしようと考えていました。

　実は、私は大学で地学を専攻しており、地震についてはそれなりの知識を身に付けていました。東日本大震災の被災地も訪問し、被害の様子を把握したり、被災された方々のお話を伺ったりしてきていました。また、熊本地震の被災地も訪れ、直下型地震の怖さを実感してもいました。

　そんな目で見ると、昨年度までの避難訓練は非常に形式的で、実際の場面ではあまり役立たないように思いました。

　昨年度に採用されたA教諭に伺っても、避難訓練の最中、子供たちはあまり真剣ではなく、単にやらされているような感じだったそうです。

「地震のセミプロとして、子供たちに地震の恐ろしさを伝えると同時に、実際に即した避難訓練を計画しなければ！」

　こんな思いを胸に、避難訓練実施案の作成に打ち込んでいったのです。

　インターネットで他校の訓練風景や実際の避難方法として配慮すべきことを調べるなどしていきましたが、当然のことながら、日々の授業準備も行わなければなりません。また、テストの採点や保護者との連絡など、仕事は山ほどあります。私は連日、夜遅くまで残って作業に取り組んでいました。

　ある夜のことです。副校長から声を掛けられました。

「避難訓練についていろいろ調べているようだけど、別に工夫なんて必要ないよ。今までの案で問題はなかったし、余計なことはせずに昨年度の実施案をコピペすればいいんだよ。」

余計なこと……⁉

　私は耳を疑いましたが、咄嗟に大学で教わったアンガーマネジメントの方法を実践し、心を落ち着けました。

　でも、どう考えても納得できませんでした。

　確かに目立った問題は無いのかもしれません。しかし、少なくとも実地に即しているとは言い難いプランである以上、それを改善するのが担当者として当然の責務なのではないでしょうか。

　私は副校長に頭を下げつつも、何としてもより良い実施案を完成させようと、心に誓いました。

　それから１週間が経ち、翌日は５月の避難訓練実施案を稟議にかける締切日になりました。案は９割方完成していましたが、私は下の階から黒煙が上がってくる際の階段の降り方について悩んでいました。文献やインターネットでは幾つかの方法が示されていて、どれがベストなのかが分からなかったのです。そこで大学のゼミの教授に意見を伺おうとしたのですが、あいにく出張でお帰りになるのは明日の夕方とのことでした。

　どうすべきか悩んだ末、私はＡ教諭に相談しました。すると、締切日が早めに設定されているこの学校では、他の皆さんも提案文書の作成に手間取ると、稟議にかけるのを少し遅らせていたと教えていただきました。
「先刻、Ｃ先生やＤ先生も副校長に一日待って欲しいとお願いに行って、許可してもらっていたよ。Ｍさんもお願いしてきたら？」

　何としても満足できる提案にしたいと考えた私は、副校長に事情を話してお詫びをすると共に、提出を明後日の朝まで待っていただくようお願いしました。すると副校長は烈火の如く怒り、大声で次のように言われたのです。
「君の理想なんてどうでもいいんだよ！何をグズグズしているんだか！」

　職員室が一瞬静まり返る程でした。多くの先輩方の視線を集めて、私は身の置き所が無くなってしまいました。

　確かにより良いプランを提案するためとはいえ、締め切りに遅れるのは良

くないことです。それは自分自身よくわかっています。

　しかし、今日までに私がいろいろ調べて具体化しようとしていたことは、副校長もご存知のはずです。それなのに「どうでもいいこと」とされてしまったのです。そのうえ、先輩方には遅れることを許可しているのに、いくら初任者とはいえ、私だけ拒まれる。それも大勢の面前で、なおかつ大声で……。

　その場は生徒指導主任が取りなしてくださり、できるだけ私の思いを酌み取っていただきながら、一緒に実施案をまとめてくださいました。

　繰り返しになりますが、締め切りに遅れたのは完全に私のミスです。言い訳はできません。また、理想を追究するあまり、独善的になっていたことも否定できません。お恥ずかしい限りです。副校長は初任の私に仕事の仕方をしっかり教えるため、叱ってくださったのかもしれません。

　しかし、子供たちや学校のために少しでも役立つものを創ろうとした思いだけは、理解していただきたく思いました。せめて、次のように言っていただければ、私も完全に納得できていたと思います。

「君の理想はわかるが、締め切りを守るのは社会人として当然のことだ。今回は完全な案でなくても良いから、明日までに稟議にかけなさい。」

　このことに懲りた私は、翌月以降、前年度までの避難訓練実施案の問題点を生徒指導主任に意見具申し、その意向に沿って現実的な提案をするようにしました。自分の理想形態ではありませんが、多少なりとも有効なプランにはなったはずです。多くの先輩方からも賞賛していただきました。

　また、この経験から、今では何事も締め切りをしっかり守れるように仕事の手順を考えています。例えば毎週金曜日、スティーブン・コヴィーが提唱した「時間管理のマトリクス」（重要性を表す縦軸と緊急性を表す横軸を中央でクロスさせて４象限に分けた図）を使って作業し、翌週の仕事の優先順位を決めています。とても有効で初任者仲間にも教えました。皆さんも自分なりのスタイルで、締め切りを大切にした仕事をされることをお勧めします。
※遅くまで残るのは相変わらず。A教諭と在勤時間の長さを争っていますw

A：ビギナー教師のギモンと私のアドバイス（岩切洋一）

　どんな仕事でも絶対に遵守すべきことがあります。それは期限を守ることです。期限に遅れたら、どんな素晴らしい内容でも０点です。Ｍさんはそのことを理解しているように言いますが、「子供たちのために役立つものを創ろうとした思いは理解して欲しかった。」などと述べているあたり、まだそれは十分ではないように思えます。自分のアイディアを実現したいのなら、何があろうとも締切日には間に合うように準備するのが鉄則です。

　また、在勤時間が長くなっていることにも大きな問題を感じます。昨今「学校のブラック化」が問題視されています。「それは教員があまりに多くの業務を抱えているからだ。」という主張に異論はありません。しかし、それと同等に教員の時間意識、コスト意識の低さも大きな原因の一つです。

「仕事の量は　完成のために与えられた時間をすべて満たすまで膨張する。」（パーキンソンの法則） という経験則があります。残業手当が付かない中で私たち教員には「無限の勤務時間」があります。そんなとんでもない状況下、すべて完璧を指向する傾向も他業種より強いのです。大切なのは「100％注力することと50％注力することでは効果にどの程度の違いが生じるのか。」といったことを正しく評価することです。日記への返事を４行書いている教員が２行に減らした時、子供の喜びも半分にはなりません。「先生に返事を書いてもらえた」という思いはそんなに変わらないはずです。でも、教員の作業時間は単純に考えれば半減します。学校でも費用対効果を重視すると共に、「同じ業務なら短時間で終わらせた方が有能だ」という評価基準が必要です。

……しかし、それにしてもＭさんが追究した「理想の避難訓練」を諦めることになったのはイノベーションの機会を逸したことであり、大変残念です。副校長が「それ面白いね。どうしたら具現化できるか夏休みにでも一緒に考えてみよう！」などと言っていたら、学校の財産になっていたかもしれません。

　新しく入ってきた人は「業界の常識」を知らないだけに、突飛な意見を出すことがあります。しかし、それは組織や慣例を改革するうえで非常に重要な機会になります。上司・先輩は広い度量で新人の意見を尊重すべきです。

学級経営をめぐる「ご指導」での毒語

Q：どうして児童の間違いをそこまで責めるの？

実例 それまでの取り組みを台無しにされかけた　　　　N教諭

　私が初任校で５年生を担任していた時、家庭科を受け持っていたのがその年度に異動してきたA教諭でした。

　A教諭はベテランでした。私よりも何十倍も経験豊富なA教諭の授業を受けられて子供たちも嬉しいだろうと、安心してお任せしていました。

　打ち合わせや出張の時に授業を振り替えていただいていたため、授業を拝見するのはいつも短時間でしたが、特に頑張った時の子供たちの活動の様子や授業の感想を放課後にお伝えいただき、とても有り難く思っておりました。

　ところが……、です。フェルトを使った手縫い作品作りの時でした。

　基本の型や縫い方は統一されていましたが、色や配置などをそれぞれが工夫して進めていました。この進め方だと学級全体をA教諭一人で指導するのは大変かと思い、私も不得手な子供に個別指導をするなど授業補助をしました。

　その中にB児という子供がいました。B児はADHD傾向があり、ケアレスミスが多かったり、持ち物の管理が十分でなかったりすることがありました。何年か前から特別支援校内委員会などを通して校内の全教員（当然、管理職も）で情報が共有されてきた子供でした。

　私はB児の自己肯定感が下がらないように配慮した指導を積み重ねているところでした。取り組む問題や書き写す箇所に誤りがないか確認をしたり、「素敵な考え方だね。」と意見を取り上げて学級でも認められるようにしたりしてきました。この時も頑張って作業する様子を褒めていたのですが……。

「ここのところ、また間違っている！」

　教室前方から、作品を見せに行ったB児を叱責するA教諭の荒げた声が聞こえたのです。B児が自席に戻った際に慌てて確認してみると、確かに途中から縫い方が変わっており、縫うところもずれてしまっていました。

「大丈夫！あなたならすぐできる！やり直しましょう。」と、B児に何回も声を

掛け、ようやく本人も間違えている箇所からほどき始めていたのですが……。

　B児と私が手順などを確認している途中、突然話に割り込んできたA教諭がこんな言葉（＝毒語）を言い放ったのです。

「この子は、ここもできていないのですよ！」

　更に、以前様々な縫い方の練習をした時にもB児がいろいろと失敗したことを早口、かつ高圧的な言い方で伝えられたのです。

「こんなに間違えるなんて、ひど過ぎますよ！そう思いませんか!?」

　B児はその間、ずっと俯いたままでした。目に涙を浮かべて。

　B児の前での毒語を止められなかった私は、罪悪感のためにいたたまれなくなりましたが、このままにしておくわけにはいきません。

「先生が付いているからもう一回やってみよう。」「ここまではできているよ、良い調子だね。」などと矢継ぎ早にB児に声を掛け、励まし続けました。

　4月以降、せっかく様々な場面で少しずつできることを増やし、何とかB児も僅かながら自分に自信をもてるようになってきた矢先だったのに……。それまでの取り組みが霧散してB児が以前の自己肯定感が乏しい姿になるのを防ぐため、とにかく必死になっていたのです。

　しかし授業終了後、B児はこんなことを言ったのです。

「前までは家庭科の授業は楽しかったけれど、また怒られちゃうかもしれないから、それは嫌だな。自分が悪いのだけれど……。」

　やはり自己肯定感は多少なりとも傷ついたままになっていたのです。一生懸命縫ったところをやり直すだけでも気落ちしてしまうところ、更に教員からも強く責められてしまってはB児でなくても、誰もが当然思うはずです。

　それ以降、私は家庭科の授業を見に行くようにしました。本来なら教材研究や研修レポートを書く等の自分の仕事を進めたかったのですが、これ以上、B児の自己肯定感を減らさせるわけにはいかないという一心でした。

　その後、A教諭が私の眼前でB児を叱責することはありませんでしたが、廊下にいると何度か怒鳴っている声が聞こえたり、ノートを床に叩き付けながら指導したりする場面に出くわしました。どうやらあの時だけではなく、

日常的に不適切な行為をされていたようです。しかし、私の姿を見掛けるとすっとにこやかな顔へ戻る……。その変わり身の速さ！驚嘆すべき程でした。他人に見られることが少しでもＡ教諭への抑止力となるならと思い、大変でしたが私は授業補助を続けざるを得なくなりました。

　Ａ教諭は子供一人一人への期待値が高いのかもしれません。しかし、それにしても、あの言葉の目的は何だったのか、過去の失敗まで引き合いに出すことにはどんな意味があったのか。私にまで共感を求めたのは何故なのか……。
　何も言わないのが一番ですが、せめてこの程度で終えていただけていたら……。
「前回も同じようなところでミスがありました。フォローをお願いします。」
ただ、今から思うと、転入されたばかりのＡ教諭には管理職や特別支援担当者をはじめ誰もＢ児の情報をお伝えてしていなかったのかもしれません。
　そんな中、情報共有をしていたはずの教員（や校長）がＢ児に対して「また、ぼーっとしている。」とか「不真面目だ。」などと非常に不適切な評価をしていたので、Ａ教諭も同様の捉え方をしてしまったのかもしれません。
　Ａ教諭にＢ児の情報を直接お伝えしなかった私にも責任の一端はあります。
　しかし、発達障害の有無に関わらず、あの発言は適切なものではありません。子供が指導した通りにできないのは教員の責任です。また、指導の対象は子供の行動であるはずなのに、あの毒語はＢ児の人格まで否定しています。今回のような子供の前での適切でない発言（＝毒語）をされたおかげで、私は必要以上の労力をかけざるを得なくなり、何よりもＢ児への指導に支障が生じかけたのです。
　ただ私にしても知らず知らずのうちに子供の心を傷つける言動をする可能性があります。この経験を「他山の石」として記憶に留めたいと思いました。
※ちなみにＡ教諭とは「良好な関係」を続けましたが、情報共有をしたのにＢ児に不適切な評価をした教員（や校長）には、後できっちり意見具申させていただきました（笑）。

A：ビギナー教師のギモンと私のアドバイス（向山行雄）

　保護者が子供を他人（学校）に預け、教育指導をしてもらう。その分、自分は余裕時間が楽になります。他人に預けたのだから、教育指導のやり方に多少の不満があっても、口出しをしません。我が国の公教育体系は、こうした前提で成り立っています。

　同様に、学級担任が教育活動のある部分を他の教師に託すことで、組織的で機動的な学校運営が可能となります。例示の、家庭科や音楽の専科制度、クラブ活動の担当制度、教務主任や初任者研修の後補充や、産休・育休制度なども該当します。

　学級担任以外の教師が担当するのですから、その使命感や教育的愛情にいくらかの差が生じるのはしかたありません。なんと言っても、小学校における学級担任は全人格的な対応で子供を養育し、その果実も後年、学級担任だけにもたらされるのですから。大人になると、小学校時代の専科の教師やクラブ活動担当の教師の名前さえおぼつかない。まして、親しく交流する師弟関係はまれでしょう。やがて、大きな果実を甘受する学級担任は、全身全霊で子供を受け止め見守る責務が有ります。

　本事例は、特別支援傾向にある児童の教育指導をめぐるケースですが、A教諭の対応に、大きな過誤があると判断するまでの材料があるとは言えません。やや適切でない言動も見られますが、学級担任が当該児童を温かく見守ってやればいいだけの事案だと考えます。

　課題を上げるとすると、当該児童の配慮事項がA教諭に十全に伝わっていないことです。「責任の一端がある」のではなく、本事案の発生の責任は学級担任を始めとする校内体制にあります。その反省が十分に伝わってきません。加えて、文末の意見具申の顛末も頂けません。

　初任者時代の相談者が、A教諭の指導に不安と不満を抱いていたのなら、預け放しにしないで、教室で共に過ごすようにすべきでしょう。そしてベテランのA教諭の家庭科指導をリスペクトしつつ、教室内の空気に学級担任の存在感を感じさせることです。これは初任者でもできます。

聞きたくない上司・先輩・保護者の毒語

Q：なぜ理由も聞かずに感情的に叱るの？

実例 事情を把握しないで感情的に叱責された　　　　　○ 教諭

　私が採用2年目の春、A校長が赴任されました。

　昇任したばかりの方でしたが、何事にも前向きに意気込んでいる様子が見られ、私はとても頼もしく思いました。

　特にリスクマネジメントに関しては非常に意識が高く、前年度まで子供が持参した現金を担任が受け取って金庫に保管するという方法で集金を行っていたのですが、それを銀行口座からの引き落としという方法に変更されました。また、職員室の机上に置かれたものにまで常に気を配っていました。

　これらの取組には反発する声もありましたが、私は服務事故防止のためには必要なことだと思い、内心ではA校長を応援していた程です。

　この年、私は教科書担当として転入生が使用する教科書の発注をしたり、転校する児童に渡す教科書給付証明書などの転出書類を発行したりする業務を担当していました。

　そこは危機管理意識の高いA校長です。転出書類についても私ともう一人の担当者であるB教諭とで、書類の一字一句にいたるまでのダブルチェックをすることと、校長に提出する際は確認のために二人で来ることを指示されたのです。私はこれも必要なことだと納得し、そのように作業するよう心掛けました。

　しかし、整えた書類に学校印を押して完成させるという手順なのに、押印するはずのA校長は出張が多く、不在の日が大変多くありました。そのため、依頼できる時間は僅かしかありませんでした。毎日夕刻まで授業があり、時には出張にも出掛けなければならない私たち教員が二人揃うことまで考えると、書類提出と押印はまさにワンチャンスを伺うしかなかったのです。

　ある日のことです。一人の児童が突然転出することになり、私たちは急いで種類作成を行いました。ただ、その日を含めてA校長はずっと不在が続き、

いつ押印が得られるか不明でした。そこで、私たちは押印日の記入以外について二人で綿密に内容を確認しながら作業を進めたのです。

　いよいよその子の転出日。この日も校長は出張があって在校時間が短く、そのうえB教諭は授業と会議の連続でどうしても手が離せませんでした。でも、書類発行はどうしても下校時間までに行わなければなりません。

　指示と異なることは重々承知していましたが、私は仕方なくその日の日付を押印日として記入し、自分一人で校長室に赴いてA校長に押印を依頼しました。

　担当者二人が揃っていなかったため、A校長は不快そうな表情で「ダブルチェックはしていたのですか？」と、尋ねてきました。私は、押印日以外については事前に二人でチェックをしたことをお伝えしました。

　すると、A校長は突然に激高し、他の教員にも聞かせるためなのか、私を押し立てて校長室から職員室に移り、大声でこんな言葉（毒語）を言ったのです。

「当日の日付はあなたが勝手に記入しているのに、ダブルチェックしたって言うのか!?平気で嘘を吐くのか！」

　私はわけがわかりませんでした。それまでの作業過程を淡々と説明しただけです。押印日の記入は一人で行ったことも正直に話しました。そのうえ、日頃不在にしていることなどについてA校長を批判するような発言をしたわけでもありません（本当は言いたかったけど……）。

　それなのに怒鳴られ、嘘つき呼ばわりされたのです。私はわけがわからないまま取り敢えずお詫びをし、「今回一人で伺うことはB教諭の許可を得ています。」と、お伝えました、しかしA校長は更に怒りを顕わに言いました。

「B先生のせいにするのか！」

　この時、ちょうど予定よりも早めに会議が終わって職員室に戻ってきたB教諭が校長室へ呼ばれました。ドアを閉めて二人で話をされていましたが、それが終わるとB教諭が転出書類を持って出てこられ、次のように言われました。

「転出書類を受け取る学校や相手先の先生にご迷惑がないよう、校長先生は押印日まで丁寧に確認することが大切だと話していましたよ。」

　確かに当時の私は、前年度まではこのように細かく指導をいただくことがありませんでした。給与している教科や教科書番号、冊数、在籍校、転籍先に誤りが無ければ問題ないと思って仕事をしてきたのでした。押印日がそこまで重要なものであるということまで気が回らなかったのです。

　それは担当者として大いに反省すべきことです。本当に恥ずかしく思います。仕事をするうえでの姿勢を一つ勉強させていただきました。

　でも……、何故私一人で行かざるを得なかったのか、何故押印日のダブルチェックができなかったのか、その理由を確認することもなく大声で怒鳴られたのです。押印日が重要だと認識していなかった私に非があるのは当然ですが、今まで説明をされたこともなく、私が嘘をついていると決めつける……。更に、何故叱ったのかについて翌日以降も私への説明はありませんでした。私は納得できず、モヤモヤした感情を抱いてしまいました。

　次のように言われていたら、私はむしろＡ校長に感謝していたはずです。
「相手校に迷惑が掛からないようにするためには押印日も重要な事項なのです。Ｂ先生にもきちんと見てもらうようにしなさい。もし、今日中には無理なのなら、今回は私がチェックするから次回からは十分気を付けなさい。」

　何よりも日頃から不在日が多い以上、Ａ校長にはそれに対応するようなシステムを構築していただきたく思います。それが難しいのであれば、せめて事情をよく把握したうえで、必要なことをご指導いただきたいものです。

　正直申します。私はこの日を境にＡ校長への感情がターンオーバーしました。多くの先輩方と同様、Ａ校長とは距離をおいて接するようになったのです。いつ、どのタイミングで感情の導火線に火が付いて大声を出されるかわからない。そんな強い不安があり、自分を守るためにはそうせざるを得ませんでした。

※私も少し心が狭いかな？と反省する気持ちも僅かながらありますが……（笑）。

A：ビギナー教師のギモンと私のアドバイス（向山行雄）

　管理職の決済印は、その文書に関して管理職が責任をもつということです。学校の教師は、決済印をもらうことが、本来は大変重たい業務であるとの認識が弱いという傾向にあります。

　私事ですが、10年間の教育委員会勤務で押印にかかわる思い出を二つ述べます。一つ目、私の主担当業務の許可をもらうために東京都で部課長10数名の押印が必要です。しかし、どの部課長も忙しい。自席にいないのです。特に、2名は、徒歩10分かかる第一庁舎にいる。10数個の印（許可）をもらうまで、1週間以上、鬱々としました。二つ目は、ある事務手続きで、部下が期日に間に合わなくなることを恐れて、上司の私の許可を得ずに（後で許可を得ようとしたのかもしれません）押印。結局、その件が露呈して部下は懲戒処分、私も監督責任を問われる処分、私の上司にも迷惑をかけてしまいました。

　本事例では、公文書管理の厳正を期すために、校長は複数名での事務手続きを採用しました。通常の学校では、当該教務業務はさほど重要では有りませんが、A校長は、きっと危機管理の上から、丁寧な対応をしたものと推察します。公的な仕事は、文書主義です。あなたが口頭で「事前に二人でチェックした」と説明しても、文書主義の上からはあなたの説明は、説得力を持ちません。「嘘」という言い方は穏やかではありませんが、「業務遂行上の虚偽行為」に抵触する懸念は否定できません。

　「A校長は出張が多く不在がち」とあります。全国のどの校長も、忙しい日々を送っていますが、みんな「もっと学校にいたい」と思っているのです。

　これも私事になりますが、私は、全国の校長会長と東京都の小学校長会長、中教審でも6つの部会委員、共済組合理事などのあて職は30以上有り、全国を飛び回っていました。当時のスタッフ、特に副校長、事務主任、幼稚園主任、教務主任などには、ずいぶん迷惑をかけました。私は、基本的に「よきにはからえ」型の校長でしたが、たまに学校にいると決済や押印をもらうために、次々に校長室にやってきました。〇さんもやがて管理職になります。A校長の言動も、少しずつ理解できるようになると思います。

聞きたくない上司・先輩・保護者の毒語

Q：「一切責任をとらない」ってどういうこと⁉

実例 学年主任に暴言をはかれた　　　　　　　　　P教諭

　私の初任校は全学年４学級という大規模校。そこでA教諭と同学年になりました。学年主任で知識や経験が豊富、授業も面白いとの評判で、行事運営等でも率先して動き、若手に的確な助言をくださる尊敬できる先輩でした。

　年度当初、春休み中に私はA教諭と２人で個人面談。私の至らない点を列挙され、２時間近く（！）指導されました。確かに指摘された通りではあったので、気合を入れて頑張らねば！と、必死に自分を奮い立たせました。

　１学期が始まりましたが、何故か基本的に私が挨拶をしても返されず、呼ばれる時も、「お前」と言われ……。

　でも、教材研究の資料をほぼ全教科、学年の担任全員にくださったり、日々の計画や指導の方向性も細かく学年会で提示してくださったりしたので、不安も多い中でしたが、なんとか日々を過ごすことができました。

　11月、翌月初旬に控えた宿泊行事に向けて準備をしている時のことです。班別行動が計画され、子供たちが班ごとに自分たちで計画を立てていました。

　A教諭は「俺がOKを出さなければ、班別行動は行かせない。」と、学年主任として全班の行程をチェックすると宣言していたため、子供たちも私たち担任陣も必死に計画表を作成していました。

　実はA教諭は生徒指導が威圧的で、学校中の子供たちから恐れられていました。また、職員に対しても高圧的な態度が見られ、A教諭の言うことは逆らえないような雰囲気があったのです。

　私の学級でも、自分たちが見学してみたい目的地を書籍やタブレットで調べたり、見学する順序や移動時間等を考えたりと、一生懸命に、そして楽しそうに計画表を作成していました。

　続々と計画表が完成し、私がチェックを進める中、C班だけがうまく話し

合いを進められず、計画表ができずにいました。Ｃ班は、普段ぐいぐいとリーダーシップを発揮するタイプの子がいません。この修学旅行を経て一皮剥けて欲しい……！という子供が数人いる班でした。

　そのため、私もあまり口出しをしすぎないよう意図的に見守り、状況をみて時折アドバイスをしていました。Ａ教諭が指定した締切日、あと計画表が提出できていないのはＣ班のみ。授業時間以外にも隙間時間を見つけて全員で必死に取り組んでいましたが、下校時刻までには間に合わず。Ｃ班の子供たちは私のところに来て言いました。

「ごめんなさい、あと少しで清書できるのですが、終わりませんでした。放課後も集まって頑張りたいので、あと１日ください。」

　いつも以上に互いに意見を出し合い、必死に頑張る姿も見ていたので、私はＡ教諭に確認、相談せずに期限延長の許可を出してしまいました。

　放課後、職員室で他の班の計画表を提出すると共に、Ｃ班のことを報告するとＡ教諭は激昂。怒鳴り声でこんな言葉（毒語）を言われたのです。

「あぁ!?てめえ何様だ！なんで学年主任でもない、仕事のできないクソが勝手に期限決めてんだ!?」

「お前が勝手に決めた責任を取れ。Ｃ班は、俺は一切責任を取らない。計画表の確認もしない。班別行動の集合時刻に間に合わなければ、バスは発車させる。そのつもりでいろ！」

　職員室で仕事をしていた職員は皆手が止まり、こちらの方を唖然と見つめている視線を背中に感じました。その場にいられなくなった私は教室に逃げ込んで恐怖と後悔に苛まれながら泣いていました。

　その後、ご自分の教室に戻ってきたＡ教諭に謝罪をしましたが、全く聞く耳は持ってもらえず、突っぱねられるのみ。しまいには、無視されて教室を出て行かれ、そのまま退勤してしまいました。

　翌日、Ｃ班から計画表が提出されました。私は念入りに確認をし、放課後にＡ教諭に謝罪とともに持っていきましたが、もちろん受け取ってもらえず、無視。「仕事の邪魔だ！」と言われる始末。どうすればよいかわからなくなっ

てしまった私はそのまま引き下がってしまいました。

　その事件を皮切りに、Ａ教諭の私に対する対応はより厳しくなり、もはや学年担任陣に存在しないような対応をされ始めました。

　学年会では、紙の資料は最低限配られても背中を向けるような姿勢で話されるためよく聞こえず……。教材研究の資料はぱったりとなくなりました。

　そんな環境下で仕事的にも精神的にも追い込まれ、視界が狭まり、ミスが多くなるように。そのたびにＡ教諭に鼻で笑われたり、怒鳴られたりし、しまいには児童の前でも怒鳴られることもありました。そのため、困っても相談ができない負のループに追い込まれていきました。

　Ａ教諭からすると、私の仕事の取り組み方や態度に見かねた部分があったのかもしれません。まだまだ未熟な私に、教えようとされていたのかもしれません。私自身も、もっと自分から質問や相談にいったり、関わろうとしていたりしたら変わった部分もあったのかな、と反省する部分もあります。

　もし、あの時、勝手に判断してしまった私に次のように言ってくださったら、私も大いに反省し、もっと話をしよう、「報・連・相」を自分からしよう、としていたのかもしれません。

「計画表が１班足りていない理由は分かりました。しかし、先生が勝手に提出期限を延長してはいけません。学年全体に関わることだからです。子供たちに相談された時点で、すぐに私にも相談に来てください。そうすれば、一緒に対応を考えます。次からはなんでもすぐに相談すること。」

　学年を複数の先生方と組んでいる方は、子供のちょっと気になることから指導で悩んでいること、指導方法で聞いてみたいこと……そんな他愛もない会話を、自分からしてみてください。日頃から関係を構築しておくと、いざ困ったときに、助けてくださる存在になるはずです。

※でも、苦手な人のことは気を揉んでも相手は変わりません。自分の最善を尽くして、あとは自分を癒すストレス発散法を活用しましょう！　私は毎週末にサウナに行くことが、一番の楽しみです。

A：ビギナー教師のギモンと私のアドバイス（谷　和樹）

　ここに書かれていることが事実ならひどいですね。ありえません。

　私がこの若手なら校長に相談します。校長が当てにならないなら、誰か信頼できる人に相談する必要があります。

　A教諭にしても「一切責任を取らない」と宣言する権限はどこにもありません。結局責任をとるのは校長だからです。このA教諭が行動を改めないのであれば、匿名で教育委員会に相談したほうがいいほどの事例です。地元の議員さんに相談する方法もあります。

　この原稿は「若手にアドバイス」という趣旨だと思うのですが、若手よりもそのベテランを指導しなければならない事例だと思います。

　学年主任で「知識や経験が豊富、授業も面白い」と書いてありますが、本当でしょうか。生徒指導が「威圧的」で学校中の子供たちから「恐れられて」いたといいます。威圧的な指導をとる教師で、よい授業をする人を見たことがありません。

　私が尊敬してきた教師で、同僚を「お前」と呼んだり「高圧的」な態度をとっていた人は一人もいません。子供たちを伸び伸びと育てていた先生方は例外なく穏やかで、丁寧でした。授業中はもちろん、職員室でもにこやかで、どの先生からも信頼されていました。

　若手にアドバイスできることがあるとしたら、「あなたは決してそのような威圧的な指導をとる教師にならない」ということでしょう。

　締切日を守るという「形式」だけを優先すると、大切なことを見失います。一番大切にしなければならないのは何でしょうか。

　どんな場合でも、それは次のことです。

一人ひとりの子供たちの成長

　子供たちが安心して力を発揮できるように見守っていきたいですね。

聞きたくない上司・先輩・保護者の毒語

Q：どうして私を無視するの？

実例 指導教官から無視されるようになった　　　　　　Q 教諭

　私が最初に赴任したのは小学校の特別支援学級でした。そこで私の指導教官であるＡ教諭と二人で高学年を担任しました。

　恥ずかしながら、特別支援学級の子供たちと関わるのも初めて。専門知識もゼロ。何も分からない未知の世界での教員生活が始まりました。

　Ａ教諭は経験豊富な方で、多くの知識をお持ちでした。周囲の皆さんからも「実力があり、いつも自らの指導に自信をもって子供に接する教員」と評価されていました。Ａ教諭は完全初心者である私に対し、分からないことを懇切丁寧に教えてくださり、本当に心から感謝していました。

　５月、初任者としての研究授業に取り組んだ時のことです。Ａ教諭からの指導を受け、当日の授業内容などはスムーズに決まりました。いろいろな知識や指導法をご指導いただく時間はとても楽しいものでした。Ａ教諭との関係はそこまでは本当に良好だったのですが……。

　研究授業１ヵ月以上前の５月下旬、私は学習指導案を完成させ、Ａ教諭に添削をお願いしました。しかし、Ａ教諭はすぐ先にある学校行事の主担当で多忙であったためか、学習指導案はなかなか返ってきませんでした。

　授業日１週間前になっても返って来なかったため、私は痺れを切らして改めて指導をお願いしました。すると、Ａ教諭はイライラした口調で「ああ、わかりましたあ！」と言い、一つの誤字のみに赤ペンを入れたうえで、「私はもう見たので、あとは別の先生に見てもらってください！」と、無造作に戻されたのです。結局、学習指導案は支援学級主任に添削をしてもらい（「次はもう少し早く持ってきてね。」と言われてしまいましたが……）、何とか研究授業を終えることができました。

　授業後の研究協議会。「指導教官から一言」という時間があるのですが、そこでＡ教諭に言われたのが次の一言（＝毒語）でした。

「何もありません。」

　本来、勤務した学校では「指導教官から一言」の時間に、本時を作るまでの初任者の苦労話や頑張った様子、他の教員に聞いてみたいこと等を指導教官が話すことになっています。それなのに……。

　この日を境にＡ教諭の私への態度が一変しました。挨拶をしても無視、授業準備のことを聞いても「やることないので大丈夫です。」と言われてしまう。

　私は「ありがとうございます。すみません。」と訳も分からず謝ってばかり。
「指導をお願いした時の私の言い方に何か失礼があったのかもしれない。」
「授業日１週間前まで待たず、もっと時間に余裕を持って、再度添削のことをお願いすれば良かったのかも……。」
と、自分の反省点もたくさん、たくさん考えました。しかし、どうしても理由はわかりません。悪化してしまったＡ教諭との関係をどう改善していけば良いのか。私は途方にくれてしまいました。

　また、そのうちＡ教諭の子供に対する態度までも次第に悪化しました。発語がなく自分の気持ちを言葉で表現するのは難しいクラスの子供たちに対して、肘打ちのようなことをしたり、腕を強く引っ張ったりし始めたのです。

　もしかしたら、私への鬱憤がこのような行為に走らせたのかもしれません。でも、このまま放置していては子供が危ない！

　どうしてもＡ教諭本人に直接指摘できない私は、今までの経緯も含めてすべて文書にまとめ、校長に報告しました。その結果、支援学級主任がクラスに入ってくれることも増え、Ａ教諭から子供へのきつい当たり方はなくなっていきました。その点は安堵したのですが……。

　しかし、Ａ教諭の私への冷たい態度の方は年度末まで続きました。

　心身が本当に疲弊し「もう辞めたい！」と、連日泣きながら通勤することもあった程です。家族も私の尋常でない様子を見て、心を痛めていました。

　しかし、子供の前で暗い気持ちや表情を絶対に出さないと強く心に決めて、教室では日々笑顔で過ごすようにしました。

……卒業式の日、教え子の保護者にこのように言われました。

「先生がいつも優しく笑顔で寄り添ってくれたから、毎日楽しそうに学校に通っていました。」

「若くてフレッシュな先生が羨ましい。元気をもらえました。子供も先生が大好きです。叶うのならば、これからも先生が担任して欲しいです。」

　報われるために教員になった訳ではないけれど「頑張って良かった、辞めなくて良かった」と、涙で頬が濡れるのを感じながら素直にそう思いました。

　最初は良好だったＡ教諭との関係がなぜ悪くなってしまったのか、原因が分からず未だにモヤモヤしています。そのような状態になるのには必ず理由があるはずです。きっと私に至らない点がたくさんあったから、Ａ教諭の心の中に不平や不満が募っていったのかなと思います。

　しかし、Ａ教諭本人から「ここはもっとこうしたほうがいい。」「こういうところを直した方がいい。」といった助言や指摘は一度もありませんでした。もし、ご指導いただいていたら、私が至らないところを改善することができ、年度当初のような良好な関係を再び築けたかもしれません。

　あの毒語もせめて次のように言われていたら、少しは納得できていたように思います（それでも不安定な気持ちは残ったはずですが……）。

「自分として最近納得いかない言動がＱ教諭にはあったので、寄り添った指導は行なっていませんでした。そのため、ここで申し上げられるものは特にありません。Ｑ教諭とはこの後、きちんと話をします。」

　ただ、私も指摘や助言を待つだけでなく「どうしてだろう。」「〇〇だったかも。」と、少しでも気になることがあれば溜め込まずに、その都度、Ａ教諭に聞いたり、自分の思いを伝えたりする必要があったかと思います。それは大いに反省すべきポイントです。後輩たちが私と同じような思いをすることがないよう、この点は今後しっかりと伝え続けようと考えています。

同じような境遇にある方は私の体験を参考に、どうぞ相手の方との関係が改善できるようお取り組みください。うまくいくことを心からお祈りします。

　本事例は厚労省ガイドライン上の無視＝人間関係からの切り離し、に該当します。割合多く見られる行為で、経験された方もいるのではと思います。

　ただし、皆さんが同様のケースに陥った場合、円滑な解決を通して以後の人間関係を良好なものにするためにも、Ｑさんを見習って、最初から管理職や相談機関にパワハラだと訴えるのは極力控えた方が良いと思います。

　何故ならば、気付かないうちに若手の側が相手の機嫌を損ねる次のような言動をしているケースも少なくないからです。

挨拶や返事をしない、指示通りに仕事をしない、指導しても言い訳ばかりする、約束の時間を守らない、上司・先輩にため口で話をする等々……。

　Ｑさんは自分に非が無かったかを必死に考えています。もしかしたら５月下旬以前、どこかでＡ教諭の怒りを買ったのかもしれません。そこまで振り返っていたら最善手でしたが、為すべきことは行なっており、大変立派です。

　まずは自省し、該当する言動があったら速やかに改善を心掛けるのです。

　また、取り敢えず相手に尊敬や感謝の気持ちを見せることを繰り返すと、感情が軟化して状況が改善されることもあります。無視をする人の特徴としては、自己中心的、自説を曲げない、プライドが高い、権力欲や承認欲求が強い、といったものがあるからです。釈然としないかもしれませんが、一定程度の関係修復を試み、そのうえで根本的な理由を探るのも一つの手段です。

　ただ、誰にでも失敗や短所はあります。仮に若手の側に原因があったとしても、それを話し合うこともなく、指導すべき役割にある教員が相手を無視したり、自らの機嫌を伺わせるような言動をさせたりするのは異常です。

若手の側が自省も含めてギリギリまで働きかけをしたのにどうしても状況が改善されず、心身や業務に支障が出る状況にまで陥ったら、残念ですが自分を守るために管理職や教育委員会の担当部署等に相談すべきです。

　なお、解決までの間、必要以上に思い悩むことは絶対にお止めください。むしろ相手はそれを望んで場合があるのです。効果があると認識したことでハラスメントがエスカレートした事例もありました。十分ご配慮ください。

聞きたくない上司・先輩・保護者の毒語

Q：なぜ休んじゃいけないの？

実例 逃げ場のない劣悪な環境を過ごした1年目　　　　R教諭

　初任校では、A副校長とB主任教諭が私の初任者指導担当でした。

　A副校長はその年度に昇任されたばかりでしたが、優しく落ち着いた雰囲気の方で、丁寧にお話をされる方というのが職員室内の第一印象でした。

　しかし5月中旬。職員室はどことなく重く、暗い雰囲気になり始めました。

　原因はA副校長の言動です。ご自分の仕事がキャパオーバーすると「あ〜〜‼」と突然大きな声を出したり、大きな音を立てて激しく足をゆすったりするのです。このような時、相談したい用件があっても「それって、今話しかけるタイミングなんですか⁉」とか「後にしてもらえますか⁉」と、職員誰もがまともに取り合ってもらえません。そのため、「怖い……。」「伝えるのが億劫だ。」と、いう話が聞こえるようになったのです。

　でも、私は初任者です。初任者指導に関する事項等で副校長に接しなければならない機会が他の皆さんより遥かに多いのです。

　ある日、私はA副校長から初任者指導の日程調整のため、恐る恐るご都合をお伺いしました。すると、大きな溜息をつかれた後に言われました。

「あなたとは話したくないし、話す時間もないので、用件があれば職員メールで送ってもらってもいいですか⁉」

　ショックでした。他の皆さんも唖然として私たちを見つめていました。

　結局、その日の会話はそれで終わり。私はそれがトラウマとなり、それ以降大切な用件があっても迂闊にA副校長には話しかけられなくなりました。

　もちろん、副校長に昇任したばかりで慣れないお仕事に手一杯だったことはわかります。更に、私も初任者育成システムをあまり理解できず、頻繁に質問を重ねていました。A副校長がそんな私を鬱陶しく思われたのでしょう。

　でも、もし次のように言っていただいていたら、その後の関係もそんなに悪化せずに済んだかもしれません。

「私の姿を見たら、今どのような状況かわかるでしょう？時間ができたら、こちらから声をかけるから、それまで少し待っていなさい。」

　また、本校では年休を申請する時、必ず副校長に口頭で伝えます。

　私の実家は職場から数百km以上離れた場所にあり、帰省には半日かかります。休日を実家で目一杯過ごさなくてはならない時には、金曜日や月曜日に年休を取らせていただく必要がありました。

　ある時、そのような長い時間のかかる用事が入りました。私はA副校長に、次の月曜日に年休を取らせていただきたいことを申告しました。

　すると、A副校長は大きなため息をつかれ、こう言われたのです。

「え？一日中休むつもりなの？何かあるんですか？」

「はい……どうしても実家に帰らなくてはならない用事がありまして……」

　A副校長は再度大きなため息をつかれ、了承の返事もないまま話を終えられてしまいました。

　実はこれ以前から私が年休申請をするとA副校長は厳しく理由を問い詰め、当該日になっても決済が下りないことが多々ありました。先輩方の場合は「今日は午後2時間の年休を取らせていただきます。」と言うと、A副校長はそれだけで「もちろん！わかりました！」と軽快に返事をしています。

　私は次第に年休を申請するのが怖くなりました。初めて実家から遠い地で一人暮らしをするので精神的になかなか安らげないのに、家族にも会えなくなったのです。それからの8ヵ月間はメンタルを維持するのに苦労しました。

　平日に年休を取得するのを快く思わないことはわかります。私は休む日の時間割等をきちんと調整してはいますが、他の皆さんに100％迷惑をかけていないとは言い切れません。本当に申し訳ないとは思います。

　しかし、せめて、次のように問い掛けていただきたく思いました。

「どうしても月曜日に休まなければならないのですか？初任者としての立場もあります。何とか休日だけで済ませることはできませんか？」

　実際、それに従えたかどうかはわかりませんが……。

また、B主任教諭は勤務年数が少ないうちから主任教諭に昇任しており、ベテラン並みの仕事の量をこなしていました。知識や経験も豊富なため、授業以外にも社会人としての振る舞いなども細やかにご指導いただきました。

　しかし、仕事については非常に厳しく「私は仕事が趣味だから。」が口癖で、朝の6時半には出勤をして退勤時間も21時を過ぎていたのです。

　私が同じ学校のC教諭のことを次のようにお話した時のことです。

「C先生って、いつも定時に帰っていて、仕事もできる凄い人ですよね！」

　C教諭は定時出退勤を守る方で、ICTをうまく活用するなど常に仕事の効率化を考えていました。周囲にも目が行き届き、気遣いもできる方でした。

　しかし、それを聞いたB主任教諭は恐ろしい形相でこう言いました。

「ふ〜ん、そうかな？私、仕事終わってないのに帰る人は絶対に許さない！」

　それ以降、私が早い時刻に退勤する日は、こちらが挨拶をしてもB主任教諭は無視するようになりました。その翌日も機嫌が悪くなっている程です。

　私は怖くなり、B主任教諭に合わせて特に用事がなくても遅くまで残るようになりました。どの時間に帰れば機嫌を損ねられず、無視されないのだろうと神経を尖らせる日々が続き、心身共に疲弊してしまいました。

　もちろん、B主任教諭の価値観と180°異なるC教諭のことを安易に称賛した私にも非はあると思います。ご自分の指導対象である私がご自分と相反するC教諭に同調するように話したことが逆鱗に触れたのでしょう。

　しかし、せめて次のように言葉をかけて欲しかったと思います。

「仕事を期限までに終わらせるのは私たちの責務です。もし間に合わないようなら、多少時刻が遅くなっても必ず仕上げるべきです。放置して帰宅するのは許されることではありません。」

　ただ、私もC教諭も期限を無視して帰宅したことは一度もないのですが……。

　このように一人だけならまだしも、初任者指導担当者二人に揃ってパワハラまがいのことをされ、心身共にズタズタになった私の採用1年目でした。

A：ビギナー教師のギモンと私のアドバイス（谷　和樹）

　ひどい話です。本当にこんなことが現場でまかり通っているなら絶対に是正すべきです。

　まず「年休」は法律で定められた権利です。取得する理由を上司に言う必要はありません。年休は「労働者の一方的意思」により成立します。「厳しく理由を問い詰める」などありえません。

　したがって、このRさんが書かれている代案、
「どうしても月曜日に休まなければならないのですか？初任者としての立場もあります。何とか休日だけで済ませることはできませんか？」
という言い方は間違っています。そもそも副校長に決裁権はありません。校長が決めることです。校長には「時季変更権」はありますが客観的にみて業務に支障があるときだけです。「初任者の立場」など関係ありません。

　この副校長の初任者に対する対応を、他の教職員たちは「唖然として」見つめていたとのことですが、それも信じられません。私がもし、ベテラン教員としてその場にいたなら、少なくともRさんには声をかけます。できるだけ相談にのり、おそらくRさんの代わりに自分が副校長に話をしにいくだろうと思います。

　さらには、仕事熱心な主任教諭の言動に対する代案も間違っています。もちろん、時には仕事を終えるまで職員室に残らざるを得ないことはあります。私もありました。しかし、「放置して帰宅するのは許されることではありません。」というほどのことではありません。

　健康や精神を害してまでやり終えなければならない仕事はありません。

　チームで取り組む、締切を見直す、ICTをより有効に活用する、方法をシステム化する……等々、改善策は他にいくらでもあり得ます。

　もしかしたら、Rさんにも何かしら仕事上で未熟な点があったのかも知れませんね。初任者なのですから当然です。しかし、そのことと、上記のような法律に基づいた対応とは全く別のことです。

聞きたくない上司・先輩・保護者の毒語

Q：どうして私の説明には納得してくれないの？

実例 保護者に「先生はご経験が少ないから…」と言われた　S教諭

　私が初任者として初めて担任した3年生の子供たち。比較的落ち着いた状況でしたが、基礎学力はあまり高くはありませんでした。

　そのため、学年会で相談し、どの教科も授業のスタート時にドリル的な学習を5分程度行い、基礎的な知識・技能を習得させることにしました。

　計算ドリルや漢字ドリルの他、学年で協力して学習プリントを作ったのですが、準備するのはかなり労力が必要な反面、他の先生方と他愛もないお喋りをしながら作業するのは、それなりに楽しい時間でした。

　子供たちも最初は拒否反応を示すこともありましたが、徐々にルーティン化し、落ち着いた雰囲気で授業に入ることもできるようになりました。

　ところが6月上旬のこと、学級に在籍するA児の母親から電話が入りました。私は元気よく明るい声で出たのですが、それは次のような苦情……でした。「授業最初のドリル学習など必要ないのではないですか。その時間は本来学ぶべき単元の学習を積極的に進めるべきだと思います。」

　私にとっては初めての苦情ということで緊張しましたが、誠意をもって対応しようと頑張りました。データを元に状況を説明し、その意義をお伝えしたのですが、次のように反論されるのです。
「今は活用力を身に付けることの方が重要だと言われていますよね。そのための時間が減らされるのは如何なものなのでしょうか？」

　A児の母親はこのように主張し、全然納得を得られません。そのうえ「『主体的、対話的で深い学び』とはどういうものか」「探究型学習の進め方とは」といった話まで述べられ始めたのです。電話は暫く続きました。

　そして、最後には次のようなことを言われたのです。
「まあ、先生はご経験がないから、授業の進め方もあまりお詳しくはないのでしょうけど……一応、私も教員免許はもっているんですよ。」

私はどうお答えしたら良いかわからず、取り敢えず言葉を濁したうえで、このあと学年で相談することをお伝えし、電話を切りました。

　初めての苦情であったうえ、まるで軽蔑されているような言い方をされて私は頭の中が真っ白になりました。保護者の方々とは何となく打ち解けられたような感じがしていただけに、この発言はどう受け止めたら良いのかもわからず、思わず涙が浮かびました。

　その後、私は電話の内容を学年の先生方にお伝えしました。皆さんは「主張はわかるけど、あくまで知識・技能を身に付けたうえでの活用力だからね。今度は私たちが説明しましょう。」と、おっしゃってくださいました。

　そして翌日、学年主任がＡ児宅に電話を架け、そのことを説明しました。幾つかの遣り取りはありましたが、数分後、Ａ児の母親は「わかりました。」と、おっしゃって電話を切られました。

　私はホッとしましたが、同時にモヤモヤ感が残りました。

　主任の電話はすぐ横で聞いていたのですが、その説明は昨日の私のそれと殆ど変わりませんでした（元々、そう話し合って始めたドリル学習です）。

　それなのに私の話には長く疑義を訴え、主任の話にはすぐ納得する……。

　次第に怒りが増してきましたが、ここで必要なのがアンガーマネジメント！深呼吸を数回、冷たい水をコップ２杯、大好きなお菓子を一つまみ……。

　その後、Ａ児の母親が何故そのように言われたのかを冷静に（努めて、努めて……更にお菓子をもう一つ口に入れて努めて冷静に……）考えました。

　やはり何より大きなポイントは私が初任者で、信頼感が薄いからだと思います。保護者の立場になった時、残念ながらそれは仕方のないことです。

　更に冷静になってみて、私は４月の保護者会の後にＡ児の母親がこんなことを話していたのを思い出しました。
「うちの子は漢字や計算などは覚えるのですが、考えることを面倒がるのです。どうしたら思考力を伸ばすことができるかをいつも考えています。」
「あっ、これだ！」と、気付きました。

　Ａ児の母親は「我が子の子の苦手な領域にもっと力を入れて欲しい。」と

いう要望を学校に伝えたかったのでしょう。それを御しやすい（と、考えた）初任者である私にぶつけてきたのだと思います。それが先程の「先生はご経験がないから……。」という言葉に端的に現れているのだと思います。

　先行きが暗くなるのを感じましたが、それは私が先輩方のような授業ができていないためです。保護者の皆様は表面的には担任として立てていただいていましたが、内心では私の指導に満足されていなかったのかもしれません。

　正直このように相手の意図が推測できたら、少し気が楽になるのを覚えたのは事実です。

　でも、せめてこんな言い方だったら落ち込むこともなかったのですが……。
「先生も経験が少ない中、いろいろ考えながら取り組むべきことが多いと思いますが、私たち保護者の願いも多少考慮に入れてもらえませんか。」

　自分の都合をもとにした勝手な願望かもしれません。このような言葉にならなかったのは、私に対する評価の表れだと思います。

　初任者仲間である女性教員の一人は、こんなことまで言われたそうです。
「先生は子供を産んだことがないから、子供や母親である私の気持ちなんかわからないでしょうね！」

　出産経験がないのは事実ですが、ここまで言われてしまうと……。

　でも、保護者の立場になれば、どこの馬の骨かも知れない人間に、ご自分にとって何よりも大切な宝物である子供を預けるのですから、私たちの言動の一つ一つが気になるのは仕方ないことだとも思います。それはしっかりと受け入れたうえで、対応する必要があるのではないでしょうか。
「今後、同様のことを言われないためにも良い授業を創っていかなくては！」

　その日、私は改めてそう決意しました。

　……数日後、私は学童にＡ児を迎えに来た母親と昇降口で会いました。いろいろ雑談をした後、別れ際に私はこう言いました。
「お母様は教員免許をおもちなんですね。取得したばかりの私にとっては大先輩ですね。凄いなァ！尊敬するなァ！」

　Ａ児の母親は目を白黒させていました……（笑）。

A：ビギナー教師のギモンと私のアドバイス（岩切洋一）

どの親も「我が子には最高の教育を！」と、願うものです。そのため、若手は絶えず厳しい目で見られていることを十分覚悟すべきです。何事にしても、ベテランの方が顧客から信頼を得られるものですから……。

ただ、そうは言っても「まあ、先生はご経験が無いから……。」などという言葉は、いくら事実としてもご免こうむりたいものです。そこで私は、校長として初任者を迎えると、4月の保護者会で次のような話をします。
「A教諭は大学で最先端の知見を学んできた教員です。経験値はありませんが、ベテラン教員にはない素晴らしい強みがあります。ベテランと若手がお互いに学び合いながら、本校の教育活動の一層の推進を図ります。」

実際、生成AIの活用など学校で新たに必要とされる知識・技能は大きく変化してきており、過去の知識や経験の蓄積だけでは効果的な教育活動は成り立ちにくくなっています。初任者は大学で近々までそれを学んでいたのですから、ここに焦点を合わせることで保護者に別の期待感をもたせるのです。

もちろん、これは本人が口にすることではなく管理職が話すべきことです。

そのうえで新採教員自身も「受け持つ児童生徒の着実な向上」という事実を創り、保護者からの信頼を得ることが何よりの「毒語予防策」となります。

更に今回のような言葉は、経験上、相手の保護者がマウントを取ることで自分の主張の正当性を訴えたい時に多く使われるように思います。

子供の教育の最終責任者は保護者です。そのニーズを最大限尊重することは肝に銘じるべきです。しかし、このように相手がこちらを見下しているような場合、少なくとも対等に話し合える状況にはもっていきたいものです。

プロとしての矜持を保ちつつ、「よくご存知なんですね。」などと応対し、その言葉自体は軽く受け流します。そのうえで、保護者が訴えてきた内容には最後までしっかりと向き合うようにするのです。

更に、機会を捉えて管理職が当該保護者に「指導方法等についてよくご存じだそうですね。」などと声を掛けます。矛先を管理職に向けさせるのです。そうすれば担任に同様の言葉を投げ掛ける可能性は随分と低くなるものです。

職員会議での毒語

Q：私が担当のときにだけ意見を言うの？

実例 軽く見られた職員会議での提案　　　　　　　T教諭

　新採3年目、運動会実行委員長を担当することになりました。私にとっては初めて学校全体を動かすことになります。
「任せてもらった以上、頑張ろう！」という気持ちが湧いてきた一方で「本当に自分にできるのか……」と、不安がよぎることもありましたが、児童、保護者、地域の方々、そして自分自身にとっても最高の運動会になるよう全力を尽くす決意を固めました。

　しかし、実施案作成は困難なものでした。それまで掴み切れていなかった仕事の多さに驚かされました。過去の実施案のどこを読んでも分からないことが多々あり、実際には口伝で行っていたことなどもあったのです。

　そんな中、前年度の担当者に相談しながら、一つ一つ丁寧に提案をまとめていきました。何分にも初めての経験です。運動会実行委員会や管理職の先生方も同席する企画会議では説明に時間がかかりました。しかし、何とか無事に終えることができ、これで大丈夫だろうと安心しきっていました。

　職員会議当日、私は緊張しながらも順調に運動会の提案を進めました。しかし、運動会のスローガンを作成するために全学級から運動会のイメージを抽出するということの説明をした時です。1年生担任のA教諭から「こんなことできるわけがないじゃん！」と、予期せぬ言葉が投げかけられました。

　私は一瞬で困惑してしまいました。

　その提案は前年度と同じものでした。実は私自身、この提案は「入学して間もない1年生にできたのか？」と疑問に思っていたのです。そのため、数日前に前年度の1年生担任・B教諭に「去年、1年生はできましたか？」と確認を取っていました。その返答は次のものでした。
「幼稚園の運動会を思い出させたり、前年度の運動会の映像を見せたりしながら取り組んだから、きちんとできたよ。」

それを踏まえて、今年もその方法を採用しようと決めたのです。

　何となく、昨年までは言えなかったのに提案者が私だからそんな意見が出た……といった気配でした。私は感情を抑えつつ「昨年度の反省で特に意見が出ていませんでした。昨年度の１年生はできているのでお願いします。」と、低い声で答えたのです。

　その後も迷走は続きました。今度は職員の係分担を伝えた時、Ｖ教諭が「私はこの仕事を担当したことないから、できません。」と、言われたのです。

　こんな発言も昨年までは皆無でした。私は、その言葉にどう対応すればいいのか、わかりませんでした。その場で急に提案内容を変えるだけの余裕もありません。また、運動会実行委員会や企画会議を通じて決めてきたことなので、自分一人の判断で変更するわけにもいかないです。

　結局、前運動会実行委員長のＣ教諭が助け船を出してくださり、再度、運動会委員会で提案を練ることになりました。

　そしていよいよ！最後に「その他、何かありますか。」と、尋ねた時です。「これじゃ教員の動きがわからない。一人一人の詳しいタイムスケジュールを作って。」と、同じ運動会実行委員会のＤ教諭から言われたのです。当日の進行をスムーズに実施するため、ということでした。

　しかし、そんなものは今まで作られたことありません。それにも関わらず、前年度もまったく進行に支障はありませんでした。

　私は「当日は時間のずれが生じるだろうから、必要ないのではないでしょうか。」と、丁寧に返答しました。すると、突然にＤ教諭は激高されたのです。そして、次のような言葉（毒語）を言われました。

「それは経験の浅いお前の考えだ！何十年も経験が上の私が必要と言ってるんだ！」

　副校長からの目配せもあり、私が「わかりました。作成します。」と言うとＤ教諭の態度は一変しました。それまでの興奮した態度はどこへやら、満足げな態度に変わっていました。

　職員会議が終わった後も考えさせられることが多くありました。仕事分担

の再検討を求めたＤ教諭ですが、直後にＷ教諭が説得したところ、すぐに納得され、最終的には当初の提案通りになりました。

翌日以降にもいろいろありました。例えば、決定したことについて確認をするために先輩方と話をしに行っても、「管理職の先生がいいって言っているなら、これで大丈夫なんじゃない？」「前運動会実行委員長のＣ先生がＯＫを出してるならいいよ。」と、まともに取り合ってもらえないのです。

どうやら委員長が経験値の少ない自分なので軽く見られているようなのです。もやもやした気持ちがずっと心に残ったまま、準備は進みました。

でも、様々な紆余曲折がありましたが、無事に初めての運動会実行委員長としての運動会を終えることができました。児童が本気で運動会に取り組んでいる姿を見て、良かったなと純粋に思いました。多くの先輩にも助けていただいたうえ、本当によく頑張ったと褒めてもいただきました。おかげで、任された仕事を達成することができたと満足することができたのです。

ただ、一人前扱いされなかったことは心に引っ掛かっていました。Ｄ教諭の毒語も次のようなものだったら、気持ちは全然違っていたはずです。
「Ｔさんは経験が少ないからわからないかもしれないけど、長年の経験を元に考えるとスケジュールがあった方がよりスムーズに進行するはずだよ。」

でもビギナーである以上、それは仕方のないことかもしれません。

その事実をある程度受け入れたうえで、以後、何かを提案する時は事前に自分の意見や考えを周りの人たちと共有してフィードバックを得ると共に、先輩方の考えもしっかりと把握して十分に活かすなど、より円滑なコミュニケーションを図ることを心掛けるようになりました。

そのおかげで嫌な思いをすることは減りました。提案もスムーズに承認されることが多くなっています。そう考えた時、あの職員会議も良い経験だったようにも思えてきている今日この頃です。

Ａ：ビギナー教師のギモンと私のアドバイス（向山行雄）

　日本の伝統的な組織の会議では、「何を言ったか」で決まるのではありません。「誰が言った」で決まるのです。

　地域の共同体の祭礼行事、神輿責任者に若衆代表としてイケメンで頭のいい太郎さんが就任しました。祭礼準備は、日頃忙しい青年たちの献身があって初めて円滑に進みます。しかし、その年の祭礼準備はうまく進みません。

　長老達が神社の社務所で茶碗酒を飲みながら、祭礼の心配をします。
「若い者はどうして、太郎のもとで一つにならないのかのう。」
「太郎は、学校時代から優秀で、責任者にふさわしいと思ったのにな……。」
　席の端っこにいた若手の長老が、遠慮がちに言います。
「太郎は、要領はいいけど……。みんなが嫌がるドブ掃除とか、正月早朝の神社当番をしないからなあ。その点、去年の次郎は不器用だが、みんなが信頼していた……」

　ここで、長老達は自分たちのメガネが曇っていたことに気付きました。

　本事例は、若手教員として運動会委員長になった時の奮闘記です。周りの教師達の反応は、それぞれにもっともで、運動会委員長をいじめているわけではありません。例年通りの提案で、去年は黙っていたのに、今年は、意見を言ってみる。ケチを付ける。そんなことは、組織では、当たり前のことです。

　課題を挙げるとすると、日頃のあなたの行動です。果たして、周りの者が運動会委員長としてふさわしいと感じているのか。それとも太郎のように、かっこうだけつけていると感じているのか、冷静に分析をしてみるといいでしょう。さらに、提案の作成過程、前任者へのリスペクト、やっかいな教師への事前相談など、「汗をかく」行動をどれだけしたのか反省が必要です。

　全校を動かす運動会委員長は、若手の花形です。いくつも懸案事項も生じます。調整事項も生じます。頭を下げる機会も多くなります。その苦労が、人間の器量を大きくします。そうなった時のあなたの言うことは、たいがいその通りになります。怖いのは、ベテランになっても器量の小さいままでいることです。そうならぬように、自己研鑽を期待します。

研修会での毒語

Q：どうして研究授業の前日に指示するの？

実例 研究・研修で振り回された　　　　　　　　U教諭

指導案の細部まで検討を重ねる研究主任

初任校で校内研究をする機会をもらいました。大規模校で、更に若手よりも中堅の方が授業者になる雰囲気のある学校でした。そこで授業のチャンスをもらったのです。当初は嬉しく思いました。民間の教育研究会にも参加し始めた頃で「よし、頑張ろう。参観している先生から『授業がうまい』と言われるようにやろう。」と、胸を膨らませていたのです。

その後、学年での指導案検討や授業検討を何度も開いていただき、いよいよ研究推進委員会における指導案検討会の時を迎えました。

……それは16時から始まり、18時を過ぎてようやく終了しました。2時間を超える検討会で、私は研究主任のA教諭から次のように言われたのです。

「これ、ちゃんと検討したの？この言葉ってどういうこと？なんでこんな単元構成なの？」

私は「あれだけ、検討をしたのだから、大丈夫だろう。」と、内心思っていました。ところが、このような言葉（毒語）をかけられたのです。

A教諭からのそのような指導は数回繰り返されました。正直、「そんな言い方をしなくてもいいじゃないか！」と、思いました。

学年でも授業の構成、発問、学習活動まで細かく検討していただいていましたし、A教諭が以前に作った指導案を真似て書いた部分についてもたっぷりと赤で訂正を入れられたりしたからです（今だから言えますが……）。

「このように重箱の隅を突くような研究主任がいたら、若手はどんどん研究授業をやりたくなくなり、授業研究への熱は下がっていくのではないか。」と、感じました。別のベテランの先生からも「若手に厳しい先生もいるから頑張ってね。」と、励ましの声をかけていただいた程です。

しかし、今になってよくよく考えると、当時まだまだ経験も浅く、指導案

をまともに書けていなかったのですから、このような細かな指導は私には必要だったのだと思います。言い方はきつかったのですが、次のように言い換えると決して理不尽な内容ではなかったことに気付くのです。

「どこをどのように工夫したのですか。この言葉はどういう意味で使っているのですか。単元構成で工夫したところを教えてください。」

研究授業の前日にアドバイスをする学年主任

　区内の教員が集まる国語部会で研究授業の機会をいただきました。

　初めて校内以外の先生から見てもらうことができるのです。緊張と楽しみと不安がある何とも言えない高揚感で準備に勤しむ中で、研究部員が集まる指導案検討は何とか既定の2回で終えることができました。

　指導案の印刷も早々に行い「前日は授業準備だけに専念しよう。」と考えて仕事を組み立てていました。部員の皆さんとも何度もやり取りをして「よし、明日、頑張ろう。」という気持ちで前日の放課後を迎えました。

　それでも仕事を早く進められない私は、校内の仕事や学級事務などでバタバタと時間が過ぎ、20時頃にようやく帰宅準備を始めました。その時です。

　突然、学年主任のB教諭が教室へ来られ、次のように言われました。

「今から掲示物を作るでしょう。」

　正直意味が分からなかった私が「掲示物ってなんですか。」と、伺うと

「今までの1時間ごとの学習が分かるように飾るんだよ。」

　そして、1時間の学習、2時間の学習……などを模造紙に学習成果として貼り付けるものだと教えていただいたのです。

　B教諭は別の分科会に所属しています。そのため、今回の授業にはほとんど関わっていません。しかし、普段からお世話になっているため、私は何も質問できずに「わかりました。」と答え、それから作成することにしました。しかし内心は「研究授業前日に突然『掲示物を作る』と言われてもなあ。」と納得できませんでした。

　何せ私は普段の授業でこのようなことを一度も行ったことがありません。

国語部会でも作成するように指導があったわけでもないのです。

　それでも、出来上がった掲示物をB教諭は満足したように見ていました。

　本来、せめて2日前には「掲示物を作るんだよ。」と伝えて欲しかったものです。でも、それ以上に私も学習指導案の作成段階で学年主任にいろいろと相談していたら、その段階で「掲示物を作るといいよ。」と教えていただき、前日の20時過ぎになって作るようなことはなかったはずだとも思います。

　研究に臨む場合には事前に相談することの大切さを学んだ経験でした。

研修を否定するベテラン教員

　4月、GIGA端末の校内への普及に伴って開催された研修会の場での出来事です。初任者指導という立場のC教諭が次のように言いました。

「GIGA端末研修はいらないでしょ。」

　講師は外部から招いた企業の方です。その方の前でこの発言です。信じられない気持ちでした。折角の研修会が凍りつき、隣に座っていたC教諭の指導対象である新卒3日目のD教諭も困っていました。

　「もしかしたらC先生は研修を受けなくても使いこなせるのかな。」と思ったら真逆、苦手なのです。

　苦手だから、そのことを隠すための言葉だったようです。

　しかし、新年度を迎えて多くの先生が「頑張ろう。」と思う時期です。特に初任者は希望に燃え、あれこれ学ぼうと張り切っています。その時にあのような発言を聞き、私は先が思いやられました。

「正直に次のように言えば良いのに……」と、思いました。

「私はICTは苦手です。そのうえ教育活動に本当に必要なのか疑問にも思っています。今日の研修はそのような思いを抱いている教員もいることをご理解のうえで進めてください。私も出来るだけ頑張ります。」

　研究・研修は私たち教員に課せられた義務です。それが有効かつ円滑に機能するためにも、特にベテランの方々は言葉に十分注意していただきたいものです。その時、強くそのように思いました。

　この指導案検討の詳細を知りたいところです。U先生によれば研究主任の
A教諭は「これ、ちゃんと検討したの？この言葉ってどういうこと？なんで
こんな単元構成なの？」と言われたとのことです。このA先生の指導の妥当
性を考えるためには、少なくとも次の2つの情報が必要です。

❶A教諭が指摘した「この言葉」とはどのような言葉なのか。「こんな単元
　構成」とはどんな単元構成なのか。

❷「この言葉」と「こんな単元構成」について、事前の学年での指導案検討や
　授業検討ではどのような意見が出ていたのか、あるは出ていなかったのか。

　私たち専門職教員の指導案検討というのは、個人の感覚やその場のムード
でやるものではありません。指導案を構成する要素にはそれぞれに意味があ
るのです。例えば「気づく」という言葉を仮に使っていたとします。その場
合「気づく」というのは「理解する」や「知る」や「できる」とは違った意
味で使われなければなりません。「単元」や「本時」で子供たちに何かを気
づかせるのであれば、気づかせるための単元構成や本時展開になっていなけ
ればなりません。ここでは詳述しませんが、「気づく」というのは子供たち
が主体的に気づくということであり、そのためには教師の指導案上に「場所」
「モノ」「時間」の設計が必要です。

　例えば、上記のようなことをA先生は指導なさりたかったのかどうかが分
からない以上、A先生の指導について判断することは難しいです。

　U先生が言い換えているように「この言葉はどういう意味で使っているの
ですか。単元構成で工夫したところを教えてください。」と言われたとしても、
その後でどんなご指導をなさったのか、そこが問題です。
「今までの1時間ごと掲示物」にいたっては、ナンセンスとしか言いようが
ありません。子供たちが主体的にそういったものを作成したのならまだわか
りますが、研究授業前日に教師がつくるなどあり得ません。

初任者指導での毒語

Q：教科書指導書通りに行なわないとダメ!?

Ⅴ教諭

　教員としての勤務を始めた年のことです。

　私は5年生の担任であり、忙しい毎日でしたが、自分が指導をいろいろ工夫することによって児童の成長が感じられ、やりがいのある時間を過ごしていました。

　私の自治体では、初任者研修として月に一度の研修を受け、昨今の教育的課題を知ることや基本的な授業スキルの向上を図っていました。

　大規模校ということもあり、初任者研修には5人で参加していました。同期と励まし合い、切磋琢磨できる環境はとても恵まれていたと思います。

　初任者としての一つの大きな壁はアドバイザーの授業参観でした。

　私の勤務している自治体では、初任者が授業アドバイザー（退職校長や教育委員会の指導主事）に授業を参観していただき、アドバイスを受ける機会が一年に三度ありました。

　時間をかけて指導案を作成し、前時までの授業を本番にしっかりつながるように進めていました。通常の授業を行うだけでも大変なのに、それと同時並行で取り組む事は、初任者の私にとって一苦労です。

　それでも何とか一度目と二度目の授業を終えました。

　アドバイザーのA氏からは、

「子供のことをよく見れているね。でも板書をもっと……」

と、温かいお言葉と的確なアドバイスをいただいたことを覚えています。

　それを受けた私は、三回目の授業への熱意を燃やしました。

「せっかくだから自分の中で新しいことにチャレンジして、良いところも悪いところも見ていただこう！」

　そこで、当時は新しかったプログラミングロボットを活用し、話し合い活動を主体とした理科の学習指導案を作成し、連日夜遅くまで改善に取り組み

ました。

「話し合いを可視化するためにホワイトボードを使ってみようか……、全体での話し合いに入る前にペアでの活動を入れてみようか……。」

と、試行錯誤を繰り返しました。自分だけで考えていると、何が正しいか分からなくなります。同期の仲間や先輩教員にもたくさん相談に乗っていただき、何とか指導案を完成させました。

　そしてアドバイザーに見ていただく当日、緊張で夜もあまり寝られなかったことを今でも覚えています。

　授業は、私の指示の曖昧さや発問が適切であったか等、反省点は多々ありましたが、児童が教え合いながらペアやグループで活動している姿に、嬉しさと頑張って良かったという気持ちを感じ、何とか終えることができました。

　そして協議会……。アドバイザーから出た言葉は、耳を疑うものでした。

「もっと指導書通りのことをやってもらわないと、困るよ。」

大変ショックを受けました。ここまでの参観では、的確なアドバイスをくださったアドバイザーです。今回の授業でもまずはチャレンジしたことへの肯定的な評価がいただけると信じていたからです。

　更に言葉は続きます。

「あなたはまだ、初任者なんだから、基礎基本に忠実にやってください。」

　A氏は、指導案に目を落とし、冷たく言い放ちました。「これ以上貴方に言うことはない。」と、いうような表情でした。

　私は大変悔しく思いました。初任者だから指導書通りの授業をしなければならないとは聞いたことがありません。むしろ、同僚や同期からは挑戦したことやこの日までの努力をたくさん認めてもらっていました。

　授業の内容を評価せずに、門前払いのような形で否定されたことが、残念で仕方ありませんでした。

　もちろん、私に授業の基礎的なスキルが十分に身に付いていなかったとは感じています。教育アドバイザーは私が配慮すべきことはそれらに関することと指摘されたのかもしれません。また、通常の形の授業の方が他と比較し

て私のスキルの過不足を指摘でき、それが以後の成長につながるはずと配慮
してくださったのかもしれません。

　しかしそれでも、ただ指導書を書き写して指導案を作成するのではなく、
チャレンジしたことを認めてもらいたかったと感じていたのです。

　そこからの協議会はあまり記憶がありません。もやもやした気持ちのまま
協議会場を後にしました。

　現在では、私も後輩の授業を対して、アドバイスや指導をすることがあり
ます。講評する立場になった今、「あの時、Ａ氏からどのように言われてい
たら納得できる部分があっただろうか……」と、振り返る自分がいます。

　例えば、次のような一言があればとても有り難く、嬉しく感じたはずです。
**「チャレンジしたことは立派ですね。しかし、指導書と照らし合わせるとこ
の点が不十分だと考えます。例えば……」**

　初任者として五里霧中の中を取り組んだのです。少しでも努力した点を認
めていただきたかったものです。今の私なら、まずはそこを評価します。

　重ねて記しますが、初任者の私は、まだまだがむしゃらに授業を行ってい
て、基礎的なスキルも不十分な状態だったと考えます。授業の内容面だけで
なく、「声のトーン」や「笑顔」「児童への目線」など、基本的な授業の方法
面でより向上できる点も多々あったのではないかと思います。

　もちろん、それらはより良い授業を創るためには絶対に身に付けなくては
ならないものです。日々鍛錬していくことはとても大切だと思います。

　ただ、今の教育は「プログラミング教育」「ICT」など、日々新しいことが入っ
てきます。これまで必要とされてきた事項も大切ですが、それ以上に新しい
ことを楽しむ力こそが教員として必要な力ではないかと感じています。

　指導する立場の皆さんには、これから教員になる方や教員になりたての方
が、のびのびと新しいことや自分のやりたいことに挑戦できる環境を創って
いっていただければと願っています。もちろん、私も「先輩」としてそのよ
うな雰囲気づくりに鋭意努力していきたいと考えています。

A：ビギナー教師のギモンと私のアドバイス（岩切洋一）

　文部科学省が 2023 年 8 月 31 日に改正した『公立の小学校等の校長及び教員としての資質の向上に関する指標の策定に関する指針』の中で、教師の資質能力を考慮する際の指標として①教職に必要な素養、②学習指導、③生徒指導、④特別な配慮や支援を必要とする子供への対応、⑤ ICT や情報・教育データの利活用が掲げられています。

　このうち「ICT や情報・教育データの利活用」とは、ICT の活用の意義を理解し、授業や校務等に ICT を効果的に活用するとともに、児童生徒等の情報活用能力（情報モラルを含む。）を育成するための授業実践等を行うこととされています。V さんの授業はそれと合致しています。

　それに対し、A 氏は恐らく、まずは基本的指導スキルの向上を目指すべきで、新たな知見はその後で習得すべきだと考えているようです。確かにそれも一理あります。何事も、まずは足元をしっかりと固めることは重要です。U さんも A 氏の思いは酌み取っていただけたらと思います。

　ただ、先に述べたような指針がある以上、A 氏も U さんの実践を頭から否定することも無いようには思います。

　そのうえ、教材開発力も授業力を構成する要素の一つです。故・有田和正氏は「材料七分に腕三分」と、子供の問題意識を喚起できる教材開発こそが授業の要だと言われた程です。教材開発に取り組むのは初任者研修でも必要な事項であり、その状況を評価するのもアドバイザーの職務だと思います。

　いずれにしても、V さんのような若手教員の新たな取り組み、チャレンジ精神は十分に尊重されるべきであると思います。公立学校ほどイノベーションからかけ離れた組織は無いからです。これから新機軸を創出するためには若手の熱い思いが必ず必要となります。管理職やベテランはできるだけ彼らのモチベーションを尊重し、温かく見守ることが必要です。それが今後の公立学校の盛衰を左右する程に重要なことであると考えます。

※ちなみに対外文書は必ず校長が決済します。今回の挑戦も事前に承認されていたとしたら、A 氏はまず、校長にも一言あるべきかと思いますが……。

子供の前での毒語

Q：なぜ私を見下すために子供を貶めるの？

実例 子供を貶めることで私への優越感を得ていた先輩教師　W教諭

「みんな見て〜、これが6年生の悪い例で〜す。」

　私が6年生の担任をした時のことです。全校朝会後、6年生が他学年よりも早く教室に戻ろうとした際に、5年担任のA主任教諭が自分のクラスの児童に大きな声で言っていた一言（＝毒語）です。

　何より聞かせたかった相手は私なのです。同時に、それは私のクラスの児童にも聞こえるように発した声でもありました。

　その後もずっと私たちにも聞こえる声で言い続けるのです。

「普通、6年がそんなことする？」

「みんなは来年、ああいう風にはならないようにしましょう。」

　昨年度、採用されて初めて担任をした当時5年生の我がクラスは、決して学力は高くはありません。しかし、周りの先生方にも「とても良く挨拶ができるクラスですね。」や「委員会活動の仕事や学校行事にも熱心に取り組めるクラスだと感心します。」と、お褒めの言葉をいただけるような本当に落ち着いたクラスでした。

　しかし、他の先生方によれば、A主任教諭はそれを面白く思っていなかったようです。元々、高学年の担任が多いA主任教諭は自身の学級経営に絶対の自信をもっていました。そのため、自分のクラスよりも評判の良いクラスの存在が許せないらしいのです。

　A主任教諭はすべての仕事を先回りして準備をし、分掌や委員会の起案事項等も半年先ぐらいまで作っておく用意周到さ、先の先まで見通しを立てて行動する姿。私は当初は、そのA主任教諭をとても尊敬していました。

　しかし、自分のペースについて来ることができない人を悪く言う性格だけは、どうしても気になりました。

例えば、他の初任者に対しても、指導や分掌の仕事だけでなく、私生活にまでダメ出しをする毎日。体調不良にも悩まされ、身体に蕁麻疹が出てしまっていることも。Ａ主任教諭の面前では気丈にふるまっていても、裏では涙を流し、「もう辞めたい……」と漏らすことも数多くありました。

　しかし、当時は管理職でさえ口出しできない状況だったのです。

　それは学級経営や指導方法にもつながっていて、自分の言いなりになる児童ばかり可愛がり、指示を聞かない児童や自分のクラス以外の児童にきつく当たる節が多々ありました。まるで王国のような学級経営をするため、毎年高学年になってから不登校になる児童が多いのです。

　そんなＡ主任教諭からの私や私のクラスの子供に対する毒語は、最初の事例以外にも数多くありました。

　例えば、６年生が委員会活動や学年交流で司会や意見を発表する際にも必ずすべてに理不尽な指導を入れてきました。

　気が弱く引っ込み思案の児童の多かった私のクラスの子たちは、最初こそ「最高学年だから。」と、我慢をしていましたが、会うたびに嫌味を言われ続け、次第にＡ主任教諭の近くに行くのが嫌になってしまっていました。

　もともとは前向きな気持ちをもった子供たちが、委員会活動や学年交流のたびに「ぼく、もう自信がなくなってきました。」や「私、もうやりたくありません！」と、自己肯定感を下げて帰ってくるのです。

　そんな子供たちの姿を見るだけでも辛かったのに、更に、

「そんなことしかできないのは、すべて担任のせいだから仕方ない！」

と、子供がいる前で私のことを名指しで批判をし、悦に入っている始末。

　そのうえ、職員室に行くと毎回自分や他人の悪口を言われ続けたり、身体的特徴に関するイジりを言われ続けたりしたのです。私自身も職員室で仕事をするのが嫌になってしまい、教室で作業をすることが増えていきました。

　管理職もこのような状況を把握されているのですから、本来ならばＡ主任教諭に直接指導していただきたいのですが、このような場面に遭遇すると目

線を下に落として見ないふりをされるのです。「それならば！」と、他の若手や多くの先輩方にも声を掛けて、共同でＡ主任教諭を糾弾することも考えました。

　しかし、後輩の立場としては先輩を尊重すべきであるということはわかっていました。そのうえ、ここで諍いを起こせば相手が相手だけに、学校を二分する程の大混乱を生じさせる恐れもあります。それは決して誰のためにもならないし、何より私のクラスの子供たちが余計に攻撃対象にもなりかねません。

　とにかく私が我慢をすることが学校の、そして子供たちのためになると思い、それ以上の行動を起こすことは控えました。

　ただ、若手教員や子供の未来を脅かす教員が教壇に立ち続ける状況を目の当たりにし、私は教育の世界に明るい未来が見えてきませんでした。

　徐々に疲弊していく毎日の中「教員の世界がこんなにもおかしな世界だったのなら、教員にならなければよかったかな。」と、思うこともしばしばありました。

　確かに、初めての高学年担任であった私です。多くのことについて準備不足や、周りへの配慮不足等もあったかと思います。それによってＡ主任教諭に不愉快な思いをさせてしまった可能性はあります。いくらビギナーだったとは言え、それは深く反省しなくてはいけません……。

　でも！それは子供たちの前で言うのではなく、放課後に一言、次のようにお話いただければ何も問題なかったと思います。
「あのような場では６年生は最後まで他学年を見届けてから帰るんだよ。」
私はむしろ深く感謝をしていたはずです。子供たちの前で指導するなら
「６年生として、どのような姿を見せたら下級生から憧れられるかな？」
と、いった前向きの言葉であったら、子供たちにとっても気持ちよく成長する機会になったはずですし、Ａ主任教諭のことをもっと心から尊敬できていたと思います。

　本書の掲載事例の大部分はパワハラか通常指導の一環か、という視点で考えると「グレー」に相当します。しかし、本事例は完全に「ブラック」です。パワハラと認定するうえで満たすべき要件がすべて揃っているからです。

　具体的には厚生労働省『職場のパワーハラスメント防止のための指針』に示されている「精神的な攻撃（脅迫・名誉棄損・侮辱・ひどい暴言）」に該当します。もちろん、A主任教諭の主張も含めて客観的に判断する必要がありますが……。

　管理職が見て見ぬふりをしていたのが本当なら、監督責任が問われかねない事案です。そんな中、Wさんは学校のため、そして子供たちのために、よく耐えました。さぞ、つらかったことと拝察します。心から敬意を表します。ただ、読者諸氏の中で同じような境遇にある方がいらっしゃった場合、誰もがWさんのように必ず我慢すべきであるとは決して申せません。

　仮に攻撃対象が自分だけだった場合、もしかしたらご自身に大きな原因があることも考えられます。その時はまず自省することから始め、それから関係改善を図った方が後々のためには間違いなく有益です。

　しかし、本事例のように複数の教員が被害に遭っていたり、置かれた状況が忍耐の限界を越えていたりした場合は、すぐに管理職にその解決を訴えるべきかと考えます。

　もし、管理職が動かない時は教育委員会事務局等に相談することも考えられます。2019年に改正された労働施策総合推進法（パワハラ防止法）において、事業主には職場におけるパワーハラスメントの防止措置を講じることを義務付けており、教育委員会事務局には必ず相談窓口があるはずです。そこでパワハラ行為が認定されると、相手は懲戒処分の対象となります。……私は決して問題を大きくすることをお勧めしているわけではありません。穏便に済ませられるのなら、それに越したことはありません。

　反面、本当に厳しい局面にあるのであれば、何よりもご自身を大切にすることを第一にお考えいただきたく思います。

これ絶対やってはダメ！子供との関係をこじらせる事例

実例 個に目が行きすぎ、全体が荒れていった指導
X 教諭

事例① 子供の気持ちに寄り添えないA教諭

「それって、自分たちが先生の期待通りにできなかったのが悪かったってことですか!?」

　廊下を歩いていると、1年担任のA教諭に対して元気でしっかり者のB児が珍しく声を荒げているところに出遇いました。ちょっと自由奔放な面もある子ですが、日頃から率先して1年生のお世話をしてくれたり、委員会の仕事に意欲的に取り組んだりする気持ちの良い子です。滅多に教師に楯突くことのない子が次第に声を荒げていくので、代わりに話を聞きました。

　どうやらB児たちが朝早くから1年生補助に行ったにも関わらず、時間内に支度が終わらないのに遊んでいた1年生を見て、

「エー。ショック。6年生に裏切られた気分だわ。」

と、A教諭が言ってしまったようなのです。

　確かに担任の意図を酌みとって1年生の用意をさせておいて欲しかったかもしれません。でも、そんな言い方をしてしまったら、子供との関係は崩壊します。特に高学年なら尚更です。

　児童と信頼関係をつくりたかったら言葉のチョイスにはより気を付けないと……と、私も焦ってしまいました。

事例② 子供の勝手にさせるC教諭

　初任者の教室の前を通りかかったときです。

「先生、俺こっちがいい。」

　やんちゃくんの声が廊下まで聞こえて来ました。少し気になって覗いてみると、物差しを使って若手担任のC教諭が指示した長さを引く練習をしていました。丁寧にワークシートを作り、指示された向きに線を引けば良いことになっていました。しかし、「そうだね。そっちでもいいかもね。」と、好き

な向きに線を引くことを許可してしまったのです。一人許可してしまうと、あっという間にクラス中が好きなことを始めてしまいました。

　斜めに線を引こうとして物差しを上手に押さえることができずにガタガタな線になってしまったり、ぴったりの長さにならなくなってしまったり……。更に、C教諭もその線が正しく引けているのかチェックできなくなりました。

　児童の声を聞いて臨機応変に対応することや、児童の主体的な気持ちを大切に学習を進めていくことはとても良いことです。ただ、タイミングや内容はきちんと判断していかないと「先生の言うことを聞かなくとも良い。」「先生は○君に言われるままだな。」という考えが子供たちの中に生じます。

　放課後、私はC教諭にこっそりそのことを伝えに行きました。

事例③　個に目が行き過ぎるD教諭

　D教諭はとても優しく、いつも子供たちに寄り添っています。責任感も強く、保護者の方からも信頼されていました。

　そのクラスに教室離脱の多いE児がいました。階段の影に隠れたり、校庭のフェンスをよじ登って逃走を試みたり……。

　D教諭はE児が教室からいなくなると内線で職員室に応援を頼んでいました。しかし、なかなか見つからないと心配で自分も探しに行くのです。

　気持ちはよくわかります。でも、その間クラスは自習に……。

　一度ならまだしも、それを何度も続けるうちに真面目に授業を受けている子たちにも少しずつ異変が起きてきました。

　上履きを履かない子、頻繁に体調不良を訴える子、休み時間終了後もトイレから戻らない子、前担任の教室に足繁く通う子……。

　優しいD教諭です。今度はその子たち一人一人にもしっかりと声をかけていましたが、子供たちはD教諭が大好きなだけに次第に「かまってちゃん」になり、余計に問題のスケールを拡大させていったのです。

　こうなると他の子供はD教諭への信頼感が薄れます。なかなか授業が進まない、自分たちで考えて行動することができない。クラスメイトに関心をもたない等、様々な問題が生じていきました。

一人一人に責任もって対応することも勿論大切です。しかし、そのために教員が手を出しすぎると子供の自主性が育たなかったり、友人関係が希薄になったりすることがあります。

　何より学級が集団として機能しなくなり、サイレンマジョリティの子供たちが教員への不信感を抱くことにもなりかねません。

　責任感は大切です。しかし、その対象は学級を適切にマネジメントしたり、一斉学習を円滑に進めたりすることにも向けるべきだと思います。

　そのバランス感覚に配慮することも教員の責任です。

事例④　視野が狭まって子供の姿が見えないF教諭

　F教諭が研究授業の事前授業をした時のことです。一生懸命指導案を作成し、あとは指導案通りに授業をするだけ！というところまできていました。

　しかし、想定よりも子供たちの活動に時間を費やしてしまいました。F教諭は「指導案通りにやらねば！」と、一生懸命に授業を進めていきます。

　その中で教員の指示通りに進めている子、前の活動が終わらずその続きをしている子、もう何をして良いかわからず諦めて遊び始めている子……。

　教室がばらばらになり、授業は崩壊して終了しました。F教諭に不満の視線を向ける子供も大勢いました。

　放課後、F教諭に子供たちの様子をお伝えしたところ、本人はそんな様子に全然気が付いていませんでした。授業を進めることにだけ意識が向き、教室の様子が目に入っていなかったのです。

　私も経験があります。1時間のうちに取り組ませたいことがたくさんあると、次へ次へと進めたくなってしまう気持ちはよくわかります。

　でも、子供たちの様子をよく見ないと、実は指示とは違うことをしている児童が多くなります。そのため、一つの指示を出したら、全員がきちんと取り組んでいるか、指示通り進められたか確認しようと心掛けています。

　また、子供たちが指示を実行できるだけの時間を確保できるよう時間配分に気を付けて授業の計画を立てるようにしています。

事例⑤　自分の責任を子供に押し付けるG教師

　専科の授業の際は、チャイムが鳴る前に子供が専科教室に入るように心掛けています。45分の授業時間をきちんと確保するためです。しかし、G教諭はなかなか授業を始められませんでした。

　何より毎回、座席が決まっていません。更に教室が乱雑になっていて児童の導線が狭く、なかなか席までたどり着けないのです。

　やっと席が決まって荷物を整理しようと思っていると、チャイムが鳴ってしまいます。G教諭はいつも、チャイムが鳴るとすぐに号令をかけようとし、それができないと注意を始めるのです。

「この部屋に来たらどうするか、もう何度も言っています！」

「号令は、おへそとこちらを見ます！」

「まだできていない人がいるので待っています！」

　子供たちはやっと席に座ったばかりなのに……。

　このように、子供たちがしっかりと頑張ろうとしているのに、知らず知らずのうちに教員の側にその阻害要因が存在することがあります。それにも関わらず、子供を叱ると必ず不満が生じます。

　このケースでも「やっているところだったのに！」「そんな暇ないよ！」という少しの不満が積もっていき「F先生なんか嫌い。」「授業受けたくないな。」と、いう感情になってしまいました。

　正直、子供だけでなく、私もモヤモヤしてしまった事例です。

　もし、指導場面で想定外のことが起きたら、まずは自分の方に原因は無いのかを確認した方が良いと思います。理不尽なことで、それも「先生のせいなのに！」と思えることで叱られたという経験は子供の中で後々まで残ります。子供との関係をこじらせないよう、このことには特にご注意ください。

※かく言う私も、裏では「この前叱られたのは先生のせいなのに！」と、子供に言われてないか、とても心配ですが……。

これ絶対やってはダメ！教室の秩序崩壊事例

実例 自己流は身を滅ぼす

Y教諭

　教員1年目の時、私は1年生担任でした。

　入学式、自己紹介の時間、初めての授業、初めての給食、「1年生を迎える会」……。子供たちと過ごす日々は期待以上に楽しく、充実したものでした。「やっぱり教職に就いて良かった！」と、何度思ったかしれません。私は毎日、子供たちに会うのが楽しみで仕方ありませんでした。

　……しかし、です。そんな楽しい日々は次第に崩れ、5月になると不安と辛い気持ちで毎日を過ごすようになりました。

　勝手に離席する子が5人、休み時間は殴り合いのケンカが日常茶飯事、指示は通らない、授業は成立しない、毎日保護者に報告や謝罪の電話……。

　学級崩壊に陥ったのです。結局、その状態は1年間続きました。

　見てきたこと、聞いたことを実際に自分がやってみると思い通りに行かない。何故だろうと思う日々が続きました。

　その原因はたくさんあったのですが、今から考えると、大きく言って3つのことが挙げられます。

原因① 指示が長すぎる

　向山洋一氏の「簡明の原則」を意識して取り組んでいたつもりでしたが、子供はいつも混乱して「意味がわからない！」のオンパレード。

　それが続く中で多くの子供が話を聞かなくなり、自分がやりたいことをやりだし、収集がつかなくなったのです。

　自分の指示の出し方を先輩方に見ていただくと「説明が長い。もっと言葉を削れるはずだ。」「指示が長くて子供が混乱している。」と言われました。

　自分ではやっているつもりになっていたことに気づきました。思っている以上に言葉を削ることができた時は混乱も減って、多少なりともスムーズに指示が通るようになっていました。

原因②　叱ってばかり

　問題行動を起こしがちの子供や多くの子供の悪い言動ばかりに目が行ってしまい、ついつい叱ってしまうことが多くありました。

　いつも叱られているばかりなのですから、私に対して信頼感をもつはずがありません。その子たちとの信頼関係は崩れました。そのうえ、頑張っている子たちを後回しにしてしまい、クラス全体も雰囲気が悪くなりました。

　冷静に考えれば、どの子供たちでも良いところはたくさんありました。例えば、ASDで興味のないことは一切やらず、授業中も基本的にはお絵かきしかしないＡ児の行動にだけ目を向け、注意することを繰り返していました。しかしＡ児は図工が得意で、授業中も一生懸命に取り組んでしました。

　私ははじめ「上手だね。」と、素っ気ない言い方で声をかけていました。しかし、ある時「動物さんもニコニコしているし、色使いが濃くはっきりしていて上手だね。」と、具体的にしっかりと褒めました。Ａ児は４月当初の笑顔を久しぶりに見せてくれました。

　また、Ｂ児は衝動性が強く、突然に周囲の児童と喧嘩をしてしまい、その都度、私から叱責されていました。しかし、少年サッカーチームに所属しており、ボール遊びはとても得意でした。

　私は体育のボール遊び運動の授業で「お友達のいる位置を見て、パスが出せたね！」と学級全体を前に賞賛しました。すると、生き生きとした表情が表れるようになりました。

　それ以降、私が一人一人の良い面に視線を向けるようになると、子供たちの私に対する表情にも変化が出始めました。心が落ち着いたのでしょうか、問題行動が多少改善されたり、指導をした時もそれを素直に受け入れたりすることが多くなったのです（完全に、ではありませんが……）。

　叱られてばかりでは子供の心情が安定するわけがないことに気付かされました。誰もが褒められたい、認められたいという気持ちをもっているということ、それを基本にして指導していくことが教員には何より求められているのだということを改めて感じています。

原因③　つまらない授業をする

　発問の意味が不明、何をするかわからない、待っている時間が長い……。

　当時、私はそんな授業ばかりしていました。夢を膨らませて入学した子供にとって、さぞかしつまらない授業だったことだと思います。教室が荒れた最大の原因はここにあったように思います（今でも時々教材研究を怠ってしまうと同様の状況になりかけます。危ない、危ない……）。

　あの頃の授業の大部分は自分オリジナルの実践でした。「こんな工夫をしてみよう。」「この言葉かけなら子供は理解するはずだ。」とワクワクしながら準備をして授業に臨みました。しかし、結果は惨憺たるものだったのです。それが結局、多少の改善は見られながらも、結局は崩壊状態を１年間続けさせてしまった主因だったと思います。

　私は今では、自分で面白い授業を考えていくだけでなく、優れた先達の実践を数多く追試することも心掛けています。

　初めての６年生担任の時、特に社会科の教材研究をする際には、多くの文献に目を通して面白そうな授業を探し、ひたすら追試をしてきました。

　そのこともあり、卒業式の日の手紙には「社会科が一番楽しかったです。」と、メッセージを書いてくれる子が多かったのです。

　おかげさまで、この学級はほぼ安定した日々を続けることができました。

　学校生活の大半を占めるのは授業です。この良し悪しが学級崩壊を起こすかどうかのキーポイントだと思っています。初任者の方は「守破離」の原則を意識して、先行実践から学ぶことが何より必要かと思います。

原因④　助けを求めない

　５月、学級が崩れてきたのを感じた時、私は担任として「自分の力で解決しなくては！」と思い、管理職や学年主任などにも相談することなく、一人で子供たちに対応していました。しかし、経験がなく教員としての力量も乏しい私が何とかできるものではありませんでした。

　ようやく周囲の方々が気付いた時には特効薬など無い状況でした。それでも先輩方は発問の仕方などのアドバイスをしてくださったり、一人では解決

困難なトラブルの際に子供に指導してくださったり、授業展開を一緒に考えてくださったり、離席する多くの子供への対応に手を貸してくださったり……。

そのおかげで学級はそれ以上、悲惨な状況にならずに済みました。しかし、もし最初から一人で抱え込まずに周囲に SOS を出していたら、学級は崩壊せずに子供たちはより楽しい日々を送れたはずです。また、先輩方にも余計な手間を取らせることはなかったはずです（私も苦しまずに済みました…）。

無用なこだわりを捨てて、周囲に相談することが重要です。私の轍を踏まないためにも、初任者の皆さんには強くお勧めしたいと思います。

追記　教室環境を乱れたままにする

私の学級の事例ではありませんが、学級崩壊を防ぐために自分も配慮していることをご紹介します。

5月中旬、ある学校に行き、5年生の教室の前を通りかかった時です。

放課後の1組の教室と2組の教室。明らかに様子が異なるのです。1組は机や椅子がきれいに揃っている。反対に2組はバラバラで、体育着やゴミなども床に転がっている。一目見ただけでその差異に気付いた程でした。

数か月後、当該校の教員から5年2組が崩壊状態にあることを聞きました。ベテランの担任でしたが、次第に学級から安定感が失われたそうです。

些細なことと思うかもしれませんが、ゴミや剥がれかかった掲示物を放置するなど教室の環境が整っていないだけで、子供の心情も不安定化し、それが学級崩壊の要因ともなるようです。これは「割れ窓理論」と言われます。

教員が些細なことにまで気を巡らしていると教室は安定します。日々の業務で、ついつい教室をきれいにするのを後回しにしがちですが、このような微細なことに配慮しないでおくと、学級崩壊の足音が迫ってくるのです。

そのため、私は放課後に教室環境に目を向けて、翌朝子供が気持ちよく教室に入れるように心掛けています。あの体験は何があろうと繰り返したくありません。私には苦手なことですが、何とか取り組み続けたいと思います。

これ絶対やってはダメ！保護者との関係破壊事例

実例 保護者の話は最後まで聞こう

Z教諭

　向山洋一氏は、私たち教員と保護者とは「戦友」「同志」であると言われます。決して相対するものではありません。でも、接し方を誤ると一気に関係は崩れます。その結果、子供への指導が円滑に進まないこともあるのです。

　本項では私自身や知人の失敗事例をご紹介します。

事例① 連絡した内容が不正確

　採用2年目、1年生を担任した時のことです。A児とB児がお互いに鉛筆の先を向け、A児の鉛筆がB児の顔に当たったというトラブルがありました。双方から話を聞いて指導を行い、放課後、A児宅に電話をした時のことです。

私「AさんがBさんに向かって鉛筆の先を向けました。その後、BさんもAさんに鉛筆の先を向けました。Aさんの鉛筆がBさんの顔に当たりました。」

保護者「Aが先にやったんですね。」

私「はい。」

保護者「うちの子はBさんが先に鉛筆を向けたと言っているのですが、本当にAが先でしたか。」

私「えぇ、あぁ、すいません、Bさんが先でした。」

保護者「でも先程、先生は、Aが先にやったと言いましたよね。」

私「えぇ、あぁ、それ……。」

　実は先に手を出したのはA児だったのです。子供に起こったことを一つ一つ聴き取り、それに対して指導も行っていたはずなのに……。

　保護者の圧力に動揺し、その場の勢いで異なることを話してしまいました。

　その後、当然のことながらA児の保護者はかなりお怒りになり、私もはっきりしたことが話せなくなってしまいました。自分がその保護者を苦手と思っていたこともあったので緊張していたのもありますが、きちんとメモを

見ながら正しくはっきりと伝えなければいけなかったと思います。

　良くないことを保護者に連絡しなければいけないことは、担任をしている以上、とても多くあります。

　トラブルの連絡をする際にいちばん大切なのは、起きた出来事と指導した内容の事実を確実に伝えることです。双方から時系列にそって一つずつ聴き取りを行ってメモをすること、双方に食い違いが生じないように注意を払うことなどを徹底することが大切だと思います。

　事実が不明確であったり、返答に戸惑ったりすると強い不信感につながってしまいます。

事例②　子供を否定する

私「Cさんが常に授業中に大声を出したり、他の子に手を出したりして困っ
　　ているんです。他の子も迷惑していて……。」

保護者「それってうちの子を登校させない方が良いということですよね。登
　　　　校したら困る存在なんですよね。」

私「そういうことではなくて……。」

保護者「でも、うちの子がいることで迷惑かけているんですよね。邪魔なん
　　　　ですよね。」

　C児の問題行動に対する私の困り感が保護者へストレートに伝わり、我が子を大事にしていないと思われてしまったのです。

　子供の特性を最も実感しているのは保護者です。それまでの生育の中で口には出さずとも苦しんだり、悩んだりしていることが多いと聞きます。傷口に塩を擦り込むような言動と捉えられると感情的になるのも仕方ないことかもしれません。

　教員も保護者も子供を良くするという目的は同じです。子供の問題行動を保護者に伝える時に大切なのは相手の苦悩に共感し、そのうえで子供自身も困っているということ、この行動をより良くするために今後より密に協働していきたいという姿勢を見せることです。私は身をもって学びました。

事例③　保護者の話を最後まで聴かない

　これは知り合いのD教諭が初任時代に体験した事例です。

保護者「うちの子がいつも先生に自分だけ怒られると言っています。」

Ｅ教諭「そんなつもりは全くないですよ。」

保護者「先生がそんなつもりなくても、うちの子はそう言っているんですよ。贔屓してるんじゃないですか。それに……。」

Ｅ教諭「贔屓なんてしてませんよ。」

保護者「先生、話を聞く気がないですよね！」

　保護者の気持ちを考えずに、保護者のクレームを真っ先に否定してしまったのです。そのうえ、保護者の話を最後まで聴かなかったことで、保護者を更に怒らせてしまいました。

　どんなに耳が痛いクレームであっても最後まで聴くことが大切です。たとえ自分にも言い分があったとしても、はじめに「ご心配をおかけして申し訳ありませんでした。」と、相手の心情を害したことに対して謝罪をします（なお、苦情内容そのものに対しては最初の段階では謝罪はしません。当方に非が無いことでも相手の言い分を一方的に認めることになります。）。

　そのうえで今後の対応について話をし、相手に納得してもらうのです。

　本書編著者の岩切氏は指導主事として勤務していた時、学校へのクレーム電話を頻繁に受けていたそうです。それらを円滑に処理できたコツは「辛抱強く最後まで聴く」というものだったそうです。こんな話でした。

「心を開いてとにかく聴くこと。絶対に遮らないこと。話すことで気持ちが整理されると共に、思いをすべて吐き出すことで解決への合理的な道筋を話し手自らが見出すことがある。苦情対応は聴くことが90％です。」

　岩切氏からは「ジョン・グッドマンの第一法則」というものも教わりました。「不満を持った顧客のうち、苦情を申し立て、その解決に満足した顧客の当該商品サービスの再購入決定率は、不満を持ちながら苦情を申し立てない顧客のそれに比べて高い」と、いうものだそうです。後々の関係を深化させるためにも、苦情処理はしっかりと行なわなければならないと思っていま

す（ちなみに第二法則は「苦情処理（対応）に不満を抱いた顧客の非好意的な口コミは、満足した顧客の好意的な口コミに比較して、２倍も強い影響を与える」です。怖い、怖い……）。

事例④　保護者の欲しい情報を伝えない

これは先輩のＥ教諭が初任者時代に経験した事例です。

保護者「帰宅した子供を見たら、足に青あざがありました。学校で何があったのですか。」

Ｆ教諭「休み時間に友達とぶつかったんです。保健室で治療しました。」

保護者「どうして連絡帳や電話で知らせてくれなかったんですか!?誰かに殴られたのではないですか!?傷跡が残ったらどうするんですか!?」

Ｆ教諭「……。」

保護者にとって何より大切な我が子が傷をつくって帰ってきたら、それは大変な心配材料です。特にその時の状況がわからないと、いろいろ気になってしまうと思います。

もちろん、Ｆ教諭も首より上の部位の怪我や友人との大きなトラブルについては必ず保護者に連絡をしていました。しかし、この時は小さなアザだったこともあり、連絡をする必要性を感じていなかったのです。

このような保護者と教員の温度差というのは意外に軽視できない事柄です。問題行動への評価、学習事項の習得度、学校からの連絡頻度……。

これらの温度差が少しずつ蓄積していくと、いつの日か破局的な事態になりかねません。クレーム対応の専門家によると「状況がわからないという不安がクレームの発生を誘発する主要因の一つだ」と、いうことです。

何より大切なのは、保護者の立場で考えること、決して教員側の物差しだけで考えないことだと思います。

本項の事例を「他山の石」としていただき、皆さんは決して保護者関係が崩壊しないよう、どうぞくれぐれもお気をつけください。

※身をもって学んだことですが、それにしても高い授業料でした……(苦笑)。

授業について

実例 過信することなく
ベーシックを身に付ける

X教諭

1．1年目の授業は

　私は初任当時、3年生担任でした。

　大学を卒業したばかりで右も左もわかりません。配付された年間行事予定表等を見ていたので、先々何があるのか理解はできましたが、実感が伴わないために暗中模索といった日々を過ごしていました。

　そんな中ですが、学年主任をはじめ周囲の先生方は誰もが親切で、「転ばぬ先の杖」という感じで、多くのことを教えてくださいました。

　授業も同様です。教育実習での十数時間しか授業経験が無い私のため、教材研究を夜遅くまで一緒にしてくださったり、手持ちの教材・教具をすべて惜しげもなく貸してくださったり……。

　また、専科等で空いている時間は積極的に授業参観をしていただいたり、私の空き時間にはご自身の授業を公開していただいたりもしました。

　そのうえ、自治体の教育センターに勤務する教育アドバイザーという退職校長の方々からも、定期的に懇切丁寧な指導をいただくことができました。

　初任者研修の研究授業でうまくいかずに放課後の教室で涙したり、計画したようには授業が流れず、多くの子供たちが困惑したりということもありましたが、おかげで何とか単元指導計画通りに、1年間の学習指導を終えることができたのです。

　今から考えても、とても恵まれた職場環境にいたことを実感します。本当に感謝の気持ちでいっぱいです。

2．恵まれ過ぎて……

　ただ、ここで正直に言うと、恵まれ過ぎて僅かながら窮屈感があったのも事実です。自分なりに教材解釈して授業に臨む機会は殆ど無く、どれも学年

で統一した方法で行いました。教材もオリジナルなものを作成することはなく、周囲の方々が既に持っていたものや学年共同で作成したものでした。

　一緒に教材研究をして発問・指示を揃え、更に同じ教材・教具を使ったほぼ同一の授業をする。つまり「同じ土俵に立つ」のですから、先輩方の方が数段上の授業になるのは当然のことです。私は自分のクラスと他のクラスとの差を強く感じ、いつも子供たちに申し訳ない気持ちになっていました。

　もちろん、私一人ではそのレベルにさえ達していたとは思えません。それはそれで無理な話です。繰り返しになりますが、諸先輩方には本当に、本当に感謝の限りです。

　でも、贅沢な悩みかもしれませんが、これは当時の偽らざる気持ちです。

３．２年目を迎えて　①「守破離」を大切にする

　２年目、学年の先生をはじめ諸先輩方は引き続き丁寧に指導してくださいましたが、１年目と異なり、自分一人で授業に臨む機会が大幅に増えました。

　もちろん、自惚れるわけにはいきません。私の授業力が高くはないことは十分自覚しています。

　そのうえ、一昨年までの大学での研究と異なり、授業の場合は「失敗しても自己責任」なんて甘いことは言っていられません。それは担任する子供に大きく影響することです。絶対に配慮すべきことだと思いました。

　この時、最も意識したのは次のことです。

先行実践から自分の学級に最も適切と思えるものを探す。

　私は子供の頃から茶道を習っていましたが、いつも「守破離」ということを繰り返し言われていました。

　これは修業における段階を示したものです。

　「守」とは師や流派の教え、型、技を忠実に守り、確実に身につける段階のことです。「破」とは、他の師や流派の教えについても考え、良いものを

取り入れ、技能を向上させる段階のことです。「離」とは、一つの流派から離れ、独自の新しいものを生み出し確立させる段階のことです。

初心者が最初から「離」、つまり我流を行っては適切な教育活動などできるわけありません。まず必要なのは、先達の教えをしっかりと守ることです。

「守」の経験を十分積んだうえで次第に「破」「離」とステップアップし、自分流のスタイルを完成するよう心掛ける。このことは常に意識していました。

ただ、1年目と異なるのは、校内の先輩方以外にも手本とすべき先達を、自分で選ぶことができるということです。

私は教育書を数多く購入したり、インターネットで検索したりして、先達＝先行実践を探すことに励みました。選んだ先行実践を授業にかけ、そこでの気付きを次の実践に活かす。これは、とても充実した取組でした。

また、自分の専門教科である国語には、特に力を入れて教材研究を行ないたいと思い、月1回の地区小学校国語科教育研究会に必ず参加したり、長期休業中の全国規模での小学校国語研究会に自費で参加したりして、実践的な知見に数多く触れるようにしました。

そのおかげで各地に知り合いができ、情報交換や情報共有が可能な個人的ネットワークを創ることにも繋がりました。私の宝物になっています。

4．2年目を迎えて　②授業スキルを身に付ける

しかし、それ以上にしっかりと決意したのは次のことです。

> 教育サークルに参加して、様々な指導スキルを習得する。

先輩方は場面ごとの立ち位置、発問・指示の際の声のトーン、児童の発言への対応、机間指導での視線、多数の子供が答えられる指名方法といったものについて、TPOに応じ最も適切なものを自然な感じで選び、授業をスムーズに進めていました。

私はこれこそが自分の授業に欠けているもので、彼我の授業の質を決定的に異なるものとしている原因だと気付いたのです。

しかし、これに特化した研修は校内では皆無でした。「先輩方の技を見て盗む」という学び方では、周到するまでに長い年月がかかるはずです。それではクラスの子供たちに申し訳ないことになります。私は明日の授業を、子供にとって価値あるものにしたいのです。

　そこで、指導スキルを学ぶことのできる場を探し回りました。その結果、月に1回、土曜日に開催されている教育サークルを見つけ、入会を許可していただいたのです。

　そこでは模擬授業をしたり、メンバーの皆さんが持ち寄る実践レポートを検討したりと、充実した学びの時間を過ごすことができました。また、他校での実践や様々な分野での情報を知ることにもなり、私は多くのことを身に付けることができたのです。

　その結果、徐々にではありますが、授業が活性化するようになり、子供たちの反応にも手応えを感じるようになっていきました。

　11月、二年次研修の一環として国語の研究授業を行い、同じグループに属するメンバーや校内の先輩方に批評していただく機会がありました。

　私は半年間で学んできたことを元に、自分なりに授業研究をしました。
「この場面は自閉傾向のあるA児の傍らで顔を見ながら問い掛けよう。」
「何回言っても同じになるよう、指示の言い方を研ぎ澄まそう。」
といった具合に、です。厳しくも、楽しい時間でした。

　研究授業当日、完璧ではありませんでしたが、参観された方々からは肯定的なご意見をいただくことができ、私は充実感を味わうことができました。

　1年目と比べると、2年目は自分なりに自由に行なえることが増え、やりがいも強く感じるようになります。しかし、自由とはそれに伴う責任も引き受けて初めて成り立つものです。

　2年目を迎えた時、誰もがこのことをしっかりと肝に銘じるべきではないでしょうか。
※お恥ずかしながら、少しだけ先輩風を吹かしてしまいました……(苦笑)……。

学級経営について

実例 できることから力を注ごう

β教諭

1．手厚い支援を受けての1年目

私は初任当時、1年生担任でした。

教育実習などで高学年などは体験していましたが、これからの1年間、30名の1年生を担任していくなんて、当時の私にはまったく想像がつきませんでした。

そのうえ年間行事予定表等を見て先々何があるのか理解はしましたが、実感が伴わないために「この先、何がどうなっていくのだろう。」と、暗中模索といった時間を送っていました。

着任してしばらくの間は、本当に時間がありませんでした。初任者研修で半日または1日学校不在ということがあり、始業式や入学式の打ち合わせすらままならない状態だったのです。

それでも、入学式本番は多くの先輩教員のお力を借りて無事に乗り切ることができました。担任として式場の前面に立ち、大変緊張しながらもやりがいを覚えるひとときを過ごすこともできたのです。

また、学級経営上でのルールや掲示物も同様に様々なお力添えをいただきました。全く時間がなかった私に、学年主任のA主任教諭は1年生に指導しておきたい学習規律や学級のルールなどを一つ一つ丁寧に教えてくださいました。

更に、A主任教諭自作の当番活動や係活動の掲示物などを惜しげも無く私に貸してくださいました。

本当に恵まれすぎていたと言っても過言ではないほど、A主任教諭は私を支えてくださいました。

その後も、先輩方のお力添えがあって、あっぷあっぷしながらも何とか学級を運営していくことができているという状況でした。

２．１年目の学級経営

　しかし、そんなにすべて上手に学級経営が進んでいくわけはありません。初任者研修で授業を見ていただいたある日、管理職から次のことを言われました。

「先生の学級は、ルールが確立されていない。だから、みんな自分のルールで生活している。」

　思い返すと、学年主任の学級は授業中の発言の際、返事をしてから発表していたり、給食準備の際は静かに素早く行ったりするなどルールが定着していました。

　しかし指摘されてみて、自身の学級では、そういったルールが定着されていないことに気付いたのです。これはとてもショックでした。

　学年主任が考えた学級のルールや当番活動を学年全体で行う。つまり「同じ土俵に立つ」のですから、先輩方の教育に対する考えが反映されます。

　しかし、当時の私は、なぜこのルールが必要なのかなど考えたりもしませんでした。そのため、学級経営をしていく際に教師自身がルールを蔑ろにしてしまったことが大きな原因でした。

　深く反省しましたが、一度バラバラになったルールを束ねることは容易ではなく、その後しばらくの間、私は大変苦労することになりました。

３．２年目を迎えて①　ノートを作る

　２年目は３年生を担任しました。

　もちろん、前年度の痛い失敗から学んだ「ルールの徹底」はしっかりと図りました。しかし、それだけに留まらず、前年度末の管理職との面談でいただいた次の助言も実行してみたのです。

「自分がこれだけは大事にするという学習規律や学級のルールをノートに書き出すことをしたほうがいいよ。」

　この言葉を受けて、学級経営についてのノートを作りました。最も意識したのは次のことです。

> **学級経営に必要なことをノートに書き出す。**

①一年後どんな子供になって欲しいか、②学級のルール、③学習のルール
④当番や係活動について、⑤始業式から３日間のスケジュール

　ただ、その時の自分の力で全てを書き出すことは不可能でした。

　そのため、まずは先輩方に聞いていきました。すると、どなたも質問した
何倍ものアドバイスをしてくださったのです。どれも本当に勉強になるもの
ばかりでした。

　また、本書第Ⅴ章①「授業について」にもありますが、私も教育書を数多
く購入したり、インターネットで検索したりして先行実践を探すようにしま
した。この取り組みはとても効果を実感できました。どれも経験に裏打ちさ
れた実践です。客観的に見て、自分流の取組よりも遥かに効果的であり、そ
こでの気付きを次に活かすことで、学級は次第に安定していきました。

　この時、19世紀プロイセン共和国の鉄血宰相・ビスマルクによる次の格
言の意味を強く実感しました。

「愚者は経験に学び、賢者は歴史に学ぶ。」

　今でも困った時には、このノートを見て自分が書き出したルールを見直し
ています。

４．２年目を迎えて②　子供の名前を覚える

　また、次のことにも力を入れて取り組みました。

> **始業式当日までに、子供の名前を全て覚える。**

　前年度の始業式。１年生担任だった私は他の学年の様子を少し見ることが
できました。その時、ほぼ全ての学級で担任は名簿を見ながら子供の名前を
呼んでいました。

　しかし、先輩方の中で一人だけ何も持たず、すらすらと子供の名前を点呼

していた方がいらっしゃったのです。

　終わった時、子供から「スゲー！」と大きな歓声が上がっていました。それは数日前に異動してきたばかりのＢ主任教諭でした。

　そこで学級経営ノートを作る際、Ｂ主任教諭に「学級経営で、一番大事なことは何ですか。」と質問しました。

　Ｂ主任教諭は「子供の名前を覚えることだよ。」と答えてくれました。理由を尋ねると、「子供の名前を覚える努力をしないと学級を大切にしているとは言わないんじゃないかな。」と、おっしゃいました。これは私の中では金言でした。

　そのため春休み中、何度も子供の名前を覚える時間を確保しました。教室に行っては、誰もいない空間で子供の名前を順番に唱えていました。また出会ってから、いち早く子供の顔と名前を一致させるために、あらかじめ黒板に出席番号順の座席表を書きました。苦労はしましたが、初めて会う時の子供の姿や表情を思い浮かべると、ウキウキしてくる時間でもありました。

　始業式当日、何も見ないで子供の名前を一人ずつ呼ぶことができました。後で「なんで名前何も見ないで言えたの？」と、たくさんの子供から質問攻めにあいました。また、出席番号順の座席表のおかげで名前と顔をいち早く一致させることができました。

　私の中で「今年は何か違うぞ。」と思わせてくれた一場面でした。

　名前を覚えることは、古今東西ありとあらゆる所で大切だと言われています。アメリカの作家・講演家のＤ・カーネギーは人に好かれる原則の中で名前を覚えることについて以下のように書いています。
「名前は、当人にとって、最も快い、最も大切な響きを持つ言葉であることを忘れない。」

　是非、読者の皆さんもこれはお試しいただければと思います！

校務分掌について

実例 するべき仕事に順序をつけて

γ教諭

1．1年目：校務分掌って何？

　校務分掌とは何か。社会人からのリクルート組だった私の場合、まずはそこから始まりました。

　そもそも教育界では、会社等ではまず耳にしない用語が多数使われています。聞いただけでは仕事の内容がイメージし難い言葉も多いと感じました。まずは、それらの用語を覚えるだけでも苦労したことを今でも覚えています。

　当時調べてみたら、校務分掌とは「学校運営における全校務を、全ての教職員が協力体制で行う役割分担のこと」とありました（スタディピア・小学校用語集より http://www.homemate-research-elementary-school.com/useful/glossary/elementary-school/2532901/）。「全校務を全職員で！？それ、本気ですか！」

　会社では部署ごとに割り振られた仕事があり、毎年その役割をこなしていれば済みます。しかし学校の場合、全校務ということ。自分が何を担当するのか分からないし、翌年度になると今年度担当した仕事とはまったく異なる種類の仕事をする可能性がありそうだ！と知ったのです。授業以外に様々な仕事に精通しなくてはいけない……。かなり複雑でハードなものを感じました。

2．1年目：分掌業務決定！

　右も左も分からない初めての教員生活。年度初めの怒涛の忙しさの中で、あれよあれよという間に自分の担当する分掌が決まっていきました。

　どの分掌がどういった仕事内容なのか、そういった説明が事細かに行われた覚えはありません。また、初年度は分掌を決定するにあたり、自分の意思があったとは言い難い状況だったように思います。

　ほとんど理解していない状況ではありましたが「何でも勉強だ！」と、で

きるだけ前向きに捉え、上司から指示されるがままに分掌を引き受けました。自分の役割が決定したのは良いのですが、まだ校務分掌の全体像を把握しきれていません。その中で自分が果たすべき役割も本当に理解できているかも不安でした。そこで、私は机上のいつでも見える場所に分掌表と自分の担当する仕事を書き出したメモを貼っておきました。

　また、複数の分掌を担当するのですから、当然、参加すべき会議が幾つかあります。初めは同じ分掌に属する先輩方が声をかけてくださることも多く、どこに行けば良いか分からないという状況になることはありませんでした。しかし、当然ですが次第に声はかからなくなります。他の皆さんに迷惑をかけないよう、自分がどの会議に参加するのかを把握する事も一苦労でした。

3．1年目：生徒指導部での仕事

　1年目に私が担当した分掌の1つは生徒指導部でした。避難訓練の提案や学校内外での問題行動やいじめ、不登校等の対応などがある中、私は避難訓練の担当になりました。

　しかし、授業の準備や問題行動への対応など日頃の多忙さのあまり、2週間後に迫った実施案を提案することを忘れ、慌てふためいて作成したこともあります。この時は先輩が声をかけてくださったので助かりましたが、「間に合わなかったらどうしよう」と、ドキドキしていたことを思い出します。

　1年目に担当した校務分掌は、サブ的な役回りが多かったように感じます。それでも周囲のことがよく見えない中、いつでも手いっぱいな日々を送っていました。文字通り、実際に目が回りかけた体験すらあります。

　先輩方に助けていただかなければ生きていけない1年間だったと強く感じます。

4．2年目を迎えての工夫

　2年目を迎え、校務分掌がどのようなものか少しずつ把握できてきました。また、自分なりにきちんと業務を進められるよう、幾つかの工夫をするよ

うにもしました。ご紹介します。

> **工夫①　机上の見える場所に自分の担当分掌を書き出したメモを貼って おく。**

　先に述べたように、これは前年度から行っていたものですが、自分の担当 の仕事を見逃さないようにするために一役買っています。と、言うよりも効 果絶大！なので改めて記載します。

　見た目には、少し不恰好かもしれませんが、他人に迷惑をかけないように 自分のスタイルを確立していくことも大切だと感じます。

> **工夫②　TO DOリストを作成し、いつでも確認できる場所に置いておく。**

　順序立てて仕事をこなしていく大切さは、会社員以上に必要です。学校は 大きな行事が次々とやってきます。大まかな順序だけでも把握し、締切日が 早いものからこなしていくことの大切さを今まで以上に感じます。

> **工夫③　学期ごとに月間予定を印刷し、担当分掌の締切日を記載のうえ、 そのうちの 2 ヵ月分を机上にデスクマットの下に挟んで、先々 まで予定を見通せるようにする。**

　いくら年間予定表はあっても実感を伴わない 1 年目と比較し、1 年間経 験したことで、2 年目はだいぶ年間予定の把握ができるようになったと感じ ていました。

　更に工夫③をすることで本当に見通しが良くなり、視界も開けたように思 います。そのうえで、週に一度は必ず予定表を確認し、自分自身の担当分掌 の漏れがないよう確認し、実践しています。

　そうすることで、初めは先輩方に声をかけていただいていることが多かっ

た私が、自分で考えて先取りの行動をしたり、後輩に声をかけたりすることも出てきました。

　もちろん、まだまだ完璧ではありません。先輩方に声をかけていただく場合もあります。しかし、自分自身がこの分掌の担当であるという当事者意識をもち、少しずつでも仕事の内容を把握し、進めることが大切だと感じます。

　ただし、進める中で独りよがりになってはならないことも肝に銘じています。分からなければ、やはり先輩方に聞いて確認するということも非常に重要だと思います。良く分からないまま進め、取り返しのつかないことにならないよう、常に報告・連絡・相談はまめに行っています。

　学校という組織の一員であるという事も忘れずに、今後も組織に貢献できるように働いていきたいと考えているところです。

工夫④　担当者同士うまく付き合う。

　自分と同じ分掌担当者に気分の浮き沈みの激しい先輩がいらっしゃいました。悪意なく発した言葉に怒って席を外してしまったり、そのことで周囲の方々が謝罪をしたりするような方でした。誰もが困っていた程です。

　私は後輩としての立場をしっかりと意識し、相手の考えを基にプランを立案していきました。そのうえで案は必ずお見せして意見をいただき、その方がGOサインを出してから全体へ提案するようにしました。

　とても気疲れがしましたが、協力して円滑に進めないと全校に迷惑がかかってしまいます。1年目は余裕がなく、更に助けられる立場でもあったので、こんなことを意識することもありませんでした。しかし、現在は多少落ち着いてきたので周囲にも気を配ることができるようになったのだと思います。

　分掌業務は、授業と違って他の先輩方と協力する場面が必然的に多くなります。自分がビギナーであることを意識し、謙虚な姿勢は失わずに今後も取り組んでいきたいと思っています。

※でも、この頃は本当に疲れました。できるなら良い方と組みたいなあ……w

働き方について

実例 時間の使い方と報・連・相がポイント

δ教諭

1．1年目：時間の使い方について

　1年目は、とにかく時間が足りませんでした。1日中働いても、終わっているように感じず、とても苦労しました。

　複数の仕事を並行して進めていかなければいけないことが多くありました。とにかく忙しい毎日を乗り切ることで精一杯で、次々に出てくる仕事の進め方を考え、まずは終わらせていくことを考えた1年でした。

　朝は7時に学校に着き、児童が教室に登校してくるまではその日の授業の準備や、昨日できなかった管理職への報告を行いました。気付いたら児童が登校する時間になっていることがほとんどです。

　児童が下校してからは、授業の準備、会議、生徒指導の報告、保護者への連絡などを行い、細かい仕事もやっていると、気付いたら19時ということが多かったです。さらにその時間から、学年での授業の進め方を相談したり、自分の研究授業の指導案を作成したりしていたので毎日21時から23時までは仕事をしていました。

　毎日この時間に帰ることが普通になっていました。教材研究などは、家でも取り組んでいたので、ほとんど仕事のことを考えて生活している毎日でした。休日もどちらかは学校に行き、仕事をするくらいでした。

2．2年目：時間の使い方についての工夫

　そんな状況から脱するため、時間の使い方について二つ工夫をしました。

> **工夫①　取り組むべきことを紙に書き込み、優先順位を考えていく。**

　様々な種類の仕事があるので、終わらせることだけを考えるのでなく、そ

の仕事にどのくらいの時間がかかるのか、どのくらい急いで取り組むべき仕事なのかをまとめることで頭の中もすっきりし、今は何を取り組むことが必要なのかが分かりやすくなりました。

　また、会議までの時間が10分しかないとなった時に、時間がかかりそうなことに取り組んでもキリが悪いので、中途半端になってしまうことが多いと気付きました。今使うことができる時間で終わりそうな仕事を始めることで、一つ一つの仕事を終わらせていくことができました。

　2点目は次のことです。

工夫②　できないことや分からないことは、長い時間悩んで考えるよりも、学年主任や管理職、同僚の先生にすぐに聞く。

　1年目は「考えればできるかな」と、長い時間悩んでいることが多くありました。周りの先生も忙しそうにしていることがあり、児童の指導の仕方や、研究授業の相談、指導案の書き方など以外にも、パソコンの操作や教材のある場所など「もう少ししてから聞けばいいや……。」と、聞くことを後回しにしていました。しかし、後回しにすると、どんどん分からないことが増えていき、更に仕事が終わらない原因になりました。聞いた時には、もう遅いなんてこともありました。

　気になることがあったら、すぐに相談することで仕事の進みも違います。また、余計な時間をとることも無くなります。

3．1年目：上司・先輩への相談について

　私の学年は3クラスで、他の2クラスの担任はベテランの先生でした。お二人とも初任者の私に多くのことをとても丁寧に教えてくださりました。

　ただ、一つ難しい問題がありました。相談すると二人の間で考えが違うことが多々あったのです。それだけではありません。指導教官や教務主任など、他にもたくさん教えてくださる先生がいらっしゃったので、授業の進め方な

どについて頭の中が混乱することが多かったです。

　特に体育の研究授業について相談した時には、体育専門の先生がたくさんいらっしゃったので、自分の指導案を作ることにとても時間がかかりました。その時、学年主任の先生から次のようにお話していただきました。
「みんな様々なやり方でやってきているから正解があるわけではないんだよ。先生が一番納得する授業の流れとか、自分の考えに一番合うものをやってみればいいんじゃないかな。」

　とてもありがたく思いましたが、それがなかなかできず、いつも決定までに時間がかかってしまいました。

　また、初任校の校長は報告・連絡・相談を特に大切にしている方でした。でも、１年目の時にはそれが大切だと分かってはいても、実感はできていませんでした。また、どの程度のことで報告・連絡・相談するべきなのか分かっていませんでした。その結果、いろいろとご心配をおかけしてしまい、私もその処理に追われることが多くありました。

４．２年目：上司・先輩への相談についての工夫

　２年目、上司や先輩に相談することについても二つの工夫をしました。

工夫③　相談してから自分の正解を探すのではなくて、まずは自分の考えを明確にしてから他の先生の意見を伺う。そのうえで最も適切と思う実践を真似したり、少し工夫したりするようにする。

　これによって、その後の選択にかける時間が大幅に少なくなりました。

　そのうえで教えてくださった方々には「参考にさせていただきました。」「〇〇先生のやり方も取り入れてみました。」と、教えてもらって終わりではなく、それを実践した様子を話したり、お礼をしたりしてコミュニケーションを取るように心がけました。

　また、次のような工夫も心掛けました。

> **工夫④　報告・連絡・相談を密に行う。**

　校長のご指導のおかげで、2年目以降は次第に報・連・相の習慣が身に付き、日頃からしっかりと行うことを心掛けるようにしました。

　自分勝手な判断をして、更に自分だけで問題を処理しようとすると、結局、あとから修正しなければならないことが多くあります。その分、余計な時間が必要となるのです。報・連・相をしっかりすることで、しっかりと無駄を省けるようになりました。

　更に、校長や先輩方とのコミュニケーションの時間が増えることで、自分の気持ちも少し軽くなり、明日はこうしてみようと見通しを立てることにもつながりました。報・連・相はメンタルヘルスにも役立ちます。

5．働き方改革は自分のためだけではない

　2年目、初任者が二人入りました。そのうち一人は私と同じ学年でした。1組にベテランの主任の先生、2組に初任者、3組に2年目の私という学年編成です。

　頼れる方が主任しかいないことは、とても不安でした。しかし、隣に初任者がいる以上、そんなことは言っていられません。私は主任に報告・連絡・相談をしつつ、初任者にはいろいろなことを教えました。

　何より自分が1年目に感じたのは「聞きたいことある？」「困ったことがある？」と言われても、それが有り過ぎて咄嗟に出てこないことが多かったことです。それを踏まえ、職員室でもたまに初任者の様子を見て、困っていそうな言動があったら、私から積極的に手助けするように心がけました。

　ここまでご紹介した方法で、2年目には時間的にも気分的にも少し余裕が生まれるようになりました。その分、昨年度、自分が他の若い先生方にたくさん助けていただいたお返しをするつもりで初任者に接しています。働き方を変えることは自分だけではなく学校や同僚のためにも役立つものです。

今から身に付けるべき必須スキル

▶笑顔を作れる教師になる

村松守夫

1．新卒時代の私　目がこわい

「目が鋭くて、こわい……」

新卒のときに、子供たちから言われた言葉です。

私の初任校は耳の不自由な子が学ぶ「ろう学校」でした。ろう学校の子供たちは、表情からいろいろと察するので、目が怖く感じたのでしょう。

当時、言われた私はどうしたらいいのかわからず、それなりに悩むこともありました。子供たちをにらむのはやめよう、これだけを意識して過ごしていました。

何とか1年目を乗り切り、2年目もそれなりにやっていました。ただこれでいいのだろうかと自問自答する日々が続きます。

2．教師としての転機　笑顔を意識

そんな中、教師になって3年目、忘れもしない1984年12月1日（土）、社会科授業の名人：有田和正先生の授業を参観する機会を得ます。

有田先生の笑顔を絶やすことなく授業を進める姿、5分に1回は子供たちを笑わせるユーモアのセンス、「目からうろこが落ちる」とはこのことです。

この日から、私は変わりました。ようやく修業の日々が始まったのです。有田先生を見本に、笑顔を意識して授業に取り組みました。子供たちと一緒に笑うことも意識しました。

朝の時間、教室に行く前に鏡で笑顔の練習もしました。後に有田先生も若い頃、同じことをやられていたと知り、うれしくなったことを覚えています。

その笑顔の効果で、少しずつですが授業の内容も良くなり、子供たちだけでなく保護者からも好評を得るようになりました。

3．笑顔と笑いで子供たちが育つ

その後、ろう学校での4年間の修業を終え小学校に異動することになりま

す。5年生 43 名の担任です。笑顔と笑いを意識した学級経営・授業づくり
を心がけました。持ち上がりで6年担任になったとき、社会科の憲法学習を
生かして、学級憲法をつくることになりました。子供たちが憲法起草委員会
を作り、原案をつくります。「第1章：先生」「第2章：児童」という具合です。

　その「第1章：先生」の中に、「先生は、15 分に1回、児童を笑わせなけ
ればならない」という条文を作ってきたのです。この条文の是非が、学級会
で取り上げられました。私が「15 分に1回はきついので、45 分に1回に
してもらえないか」と言うと、子供たちの多くから「15 分に1回くらい笑
わないと授業が面白くない」という意見がでて、圧倒的多数で承認されたの
です。

　このときの私は、15 分に1回は厳しいなあと思いながらも、子供たちが笑
いを意識してくれたことに、教師としての喜び・達成感を得た覚えがあります。

4．笑顔の必要性

　教職生活の中で、笑顔について考えてきたことをまとめます。

　笑顔は教師にとって非常に重要です。笑顔は子供とのコミュニケーション
を円滑にし、ポジティブな学習環境を促進するのに役立ちます。以下は笑顔
の必要性についてです。

・信頼と結びつきのため

　子供は、笑顔の教師に対してより信頼感を持ち、感情的な結びつきを感じ
ることができます。これは、学習意欲を高め、学習成果を向上させる要因です。

・ポジティブな学習環境づくりに必須

　教室内で笑顔が支配的であると、子供たちはストレスを感じずに学び、自
分自身を表現しやすくなります。ポジティブな学習環境は、教育の効果を高
めます。

・モデルとしての役割

　教師の笑顔は、子供たちに良いマナーや社会的なスキルを示すモデルとし
て機能します。子供たちが将来において社会的に成功するために、ポジティ
ブなコミュニケーションを示すことが大切だと考えます。

5．笑顔を多くする方法

　いろいろな方法がありますが、自分自身が笑顔を意識すること、これが一番重要です。私は自分が笑顔でいるかどうか、客観的に見ることができる「心のビデオカメラ」を常に意識していました。他の人からどう見られているか、それを意識するだけで笑顔は多くなります。次に笑顔を多くするために、教師としてどういう姿勢で過ごしていけばいいかを書きます。

・自分自身を大切にする

　教師の仕事は、責任が重くストレスも多いものです。その対策として自分自身を大切にすることが重要です。

　十分な睡眠と休養をとり、健康的な食事を心がけましょう。また、趣味や好きなことに没頭する時間をつくることも、自分をリラックスさせ、笑顔を引き出すことに役立ちます。休むのも仕事のうち、趣味や好きなことをするのも仕事のうちと思っていきましょう。

・子供たちを思いやる

　子供たちは、教師の笑顔に元気づけられます。子供たちのことを思いやり、一人一人に目を配るようにしましょう。そうすれば、教師の笑顔も自然と出てくるものです。また、子供たちの良いところを見つけてほめていくこと、これも笑顔を増やすためには大切です。

・仕事を楽しむ

　教師の仕事は、やりがいのある仕事です。仕事を楽しむことで、自然と笑顔が出やすくなります。そのためにも、授業での子供たちとの交流を、前向きにとらえましょう。また、子供たちとのコミュニケーションだけでなく、教師同士のコミュニケーションも重要です。自己開示をしつつ、先輩教師から学ぶ姿勢をもって接していけば、仕事はより楽しくなります。

6．笑顔いっぱい　その具体策

・教室へ入る前に深呼吸を

　ストレスやイライラが積み重なることがあるかもしれませんが、教室に入る前に自分をリラックスさせる方法を見つけることが大切です。私はいつも

深呼吸をして笑顔をつくってから、ドアを開けていました。自分にあうリラックスのテクニックを試していきましょう。

・朝の挨拶を笑顔で

　子供たちは、朝の教師の挨拶で一日の気分が決まります。笑顔で挨拶をすることで、子供たちに元気を与えることができます。「おはようございます！」という元気な挨拶で教室に入ります。

・笑わせるネタを常に用意する

　子供たちが笑っている姿は、教師にとっても嬉しいものです。授業中に子供たちと笑い合うことで、教室の雰囲気が明るくなります。笑わせるネタを常に意識して用意しておきましょう。私は常に、受けるダジャレを考えていました。

・子供たちの良いところを見つけて褒める

　子供たちの良いところを見つけて褒めてあげることは、子供たちの自信を育み、笑顔を多くすることにつながります。教師は褒める材料を常に見つける姿勢、これをもちましょう。笑顔を増やすには、褒める姿勢をもち続けることです。

・自己評価をする

　自分の笑顔を振り返り、改善の余地があるかどうかを定期的に評価しましょう。他の教師や同僚からフィードバックを受けることも役立ちます。自分自身で気づかないところを教えてもらうこと、これも大切です。

７．教師は最大の教育環境

　教師が常に笑顔でいることは難しいことです。しかし、笑顔を意識することで、教師自身や子供たちの気持ちが明るくなり、学校生活がより充実したものになります。笑顔は人間関係を築く重要な要素であり、教育においてもその効果は大きいです。子供たちとの良好な関係を築くために、笑顔を意識的に取り入れ、ポジティブな学習環境を提供すること、これは教師としての大切な役割の一つです。教師は子供たちにとって最大の教育環境、このことを忘れずに進んでいけば道は拓けていきます。

今から身に付けるべき必須スキル

▶困難に負けない心の強さをもつ

小貫義智

　あなたは楽観的でしょうか、悲観的でしょうか。「どちらでもない」という方もいるかもしれません。同じことが起きても、「大変だ！」となるか、「まあ、何とかなるさ」となるかはその人の性格次第です。

　ただ、対処法を知っていれば心の負担も軽くなるはずです。一緒に考えていきましょう。

1.「誰かが死ぬほどの困難」か

　校長をしていると、さまざまなトラブルの報告を受けます。中には「校長先生、大変です！」と息せき切って飛び込んでくる方もいます。

　そんな時、私は必ず「それは、誰かが死ぬほど大変なことですか？」と問い返します。

　もちろん「あ、いえ、そこまででではありません」となります。

　そこで「それなら、それほど大変なことではありませんね。では、詳しく話を聞かせてください」と落ち着かせ、話をしてもらいます。

　これは、元国連難民高等弁務官の故・緒方貞子さんのエピソードから学んだことです。緒方さんが弁務官として現地で活動をしていた頃、部下と同じようなやりとりをなさったそうです。

「誰かが死ぬほどの困難」はそう多くはありません。学校では、子供が大けがをしたり、食物アレルギーからアナフィラキシーショックを起こしたり、いじめを受けていたりという、心身の安全が脅かされるもの以外は大した困難ではない、と考えて良いと思います。

　あなたが困難にぶつかった時、

> 「これは誰かが死ぬほどの困難なのか」

と考えてみてください。きっと見え方が変わるでしょう。

2. 呼吸を整える

　校長室に飛び込んでくる方を想像すると分かるように、困難に直面すると息が浅くなります。

　裏を返すと、深く息を吸うと気持ちが落ち着くのです。深呼吸をしながらパニックになっている人は想像できません。

　ですから、困難にぶつかった時はまず深く呼吸をしましょう。

　私がお勧めするのは齋藤孝氏が提唱する呼吸法です。

---

①鼻から息を吸う。（3秒）

②お腹（丹田）に息をためる。（2秒）

③口をすぼめて息を吐く。（15秒）

---

　①〜③で20秒。これを6回行って、2分で1セット終了です。6回が難しければ、3回でも、2回でも構いません。繰り返す内に気持ちが落ち着いてくることを実感できます。

　心は、自分で思っている以上に体の影響を受けているものなのです。呼吸が落ち着いたら、心も落ち着きます。

3. 困難を乗り越える3つの方法

　困難に飲み込まれたままだと病気休職になってしまうかもしれません。そこまでにはならないものの、心のバランスを崩しがちな方は多くの職場にいるでしょう。

　私が見る限り、そのような方は次のどれか、あるいは複数の傾向をもっているようです。

---

①**分析できない。**

②人に聞けない。

③周りのせいにする。

　逆に言うと、この3つと反対のことができれば、困難に直面しても乗り越えていけるのです。具体的に見ていきます。

① **分析する**

　最初は「分析する」です。

　あなたの困難が「退勤時刻が遅くなる」だったとしましょう。その時は何故遅くなるかを分析します。すると、①授業準備に時間がかかる、②丸付けするプリントの枚数が多い、③学年会が長い、が原因と分かりました。

　授業準備を一から考えようとすると時間がかかります。例えば「TOSSランド」で検索すれば、多くの単元の発問・指示が載っています。

　丸付けが多いならば、宿題とするプリントの枚数を減らしたり、なくしたりしましょう。授業で自作プリントを使っているのなら、教科書とノートだけで授業をしたらいかがでしょうか。授業準備も短くなるので一石二鳥です。

　学年会が長ければ、「来週の火曜日、医者の予約があるので17時に帰ります」などと、用事があることを事前に伝えておきます。

　このように、「困難」を「困難」のままとせず、分析していくことで具体的な対策を立てやすくなります。

② **人に聞く**

　次は「人に聞く」です。

　初任者研修などで「報連相（報告、連絡、相談）」の大切さを聞いていると思います。これは本当に大切で、いくら強調してもしすぎることはありません。

　子供同士がケンカをして、どちらかが怪我をしてしまう。学校現場では少なくはない事例です。

　どのように保護者に連絡しますか。連絡帳か、電話か、自宅に足を運ぶか。どうやって話を進めますか。最初に何を言って、相手の話を引き出して、終

わらせるか。

　怪我の程度や、これまでの子供同士の関係性などで、やり方はまったく変わってきます。

　学年主任や職場の先輩方に聞かずに進めてしまうと、失敗の確率が高くなります。保護者にわだかまりが残ると、担任のあなただけではなく学校全体にも不信感をもつことになります。先輩の力を借りましょう。

　聞く時には「教えてください」ではなく、次のように聞くと良いでしょう。

「私は○○のようにしようと思うのですが、これで良いでしょうか。」

　考える癖を付けると、困難に立ち向かう力が身に付きます。

③ 責任をもつ

　最後は「責任をもつ」です。

　隣のクラスから楽しそうな授業の様子が聞こえてきます。一方、自分のクラスはどんよりとしていて、子供たちが退屈しているように見えます。テストをやってみても平均点が良くありません。

　ついつい、子供のせい、保護者のせいと言いたくなるかもしれませんが、違います。厳しい言い方になりますが、それは担任のせいなのです。

　授業の腕は、意識的に身に付けようと思わなければ上がりません。ベテランであっても授業がうまくない教師はいくらでもいます。

　教師になったばかりのあなたには、まだ知識も経験もたりません。それは当たり前です。落ち込む必要はありません。

「今、子供たちに力を付けるのは自分の責任なのだ」と、自分事として考えましょう。

　責任をもつ人は努力をし、力を付け、授業の腕を上げていきます。

　そして、そのような人が困難を乗り越えていくのです。

今から身に付けるべき必須スキル

▶ ICT と手書き仕事を棲み分ける

島村雄次郎

手書きの一筆箋の活用術

　一筆箋の実践をご存じでしょうか。一日の学校生活の中で子供が何か活躍したことを一筆箋に書き、保護者に読んでもらうよう子供に渡す実践です。私が担任時代は、1日1枚は書いて子供に渡すようにしていた時期もありました。これは手書きが効果抜群です。

　一筆箋を渡すコツは2つあります。

①宛名を保護者にする。（A君の保護者様、など）

②子供に「保護者の人に渡してね」と言って、書いた一筆箋を渡す。

　また、一筆箋は子供たちの学校生活の中で、教師が純粋に感動したことを「その場で」書く即時性が大切です。時間にして2～3分で書けます。

　例えば給食の時間の何気ない出来事を以下のように書きます。

A君の保護者様

いつもお世話になっています。今日の給食の時間、A君はお隣のB子さんが牛乳をこぼしてしまったとき、一番に雑巾を持ってきてB子さんと一緒に拭いてくれました。ご家庭でも是非A君のことを褒めてやってください。これは、日頃からのご家庭での指導の賜物だと思います。

今後とも、よろしくお願い申し上げます。

〇月〇日　担任〇〇

　家に帰り子供が保護者に「先生から手紙だよ」と一筆箋を渡すと、その子供が大いに褒められます。また、保護者は子供のことをよく見てくれていると担任に感謝し信頼関係が生まれます。そして、子供は家族に褒められると嬉しいので、また学校でがんばろうとモチベーションが上がります。プラス

のサイクルが生まれるのです。みんなが得をします。

　教師も一筆箋を書こうとアンテナを張ることで、子供たちの日常の些細なことに目が向けられるようになります。学校生活の子供たちの些細なドラマに感動し、称賛するというセンスが身に付くのです。

　もう一つ、一筆箋を書くコツとして、トレーシングペーパーと一冊のノートを準備しておくとよいです。これは千葉雄二氏の実践ですが、一筆箋を書くときにトレーシングペーパーをノートの間に敷いて書くことで、それがそのまま記録として残ります。これを書き溜めていくと学期末や年度末の所見にそのまま使うことができます。

　また、ノートの表紙の裏に名簿を貼りチェック欄をつくることで、一筆箋をまだ書いていない子供が誰かということが一目でわかります。

　学期最後の１ヵ月ほどで、まだ１回も一筆箋を渡していない子供がいれば、その子の行動の良いところに注目するようにもなります。

　全員に書かないのは不公平だから、個別には渡さないほうがいいですよ。

　学級通信に子供の感想や写真を掲載するときにも管理職や主任の先生に言われる言葉です。逆にこの言葉は全員に一筆箋を書けるような指導を目指す励みや気概にもなります。若い先生方には是非実践してほしいです。

TO DO リストは朝一に手書きで

　１日の自分のスケジュール、１週間の予定はどのように管理していますか。最近は公務支援システムが導入されたところも多く、週案もパソコン上で管理をしている学校も増えてきました。

　しかし、私はあえて一日のスケジュールの中でやらなければならないことを「TO DO リスト」として、朝の数分を使って書き出すようにしています。

　メールチェックやその日提出の分掌の仕事、教室の換気、子供ノートの返却や配付物など小さなことでも思い付くことは全て書き出します。

　書き出すことで頭の中にやらなければならないことが残るので、忘れないようになります。

そして、実際に終了した項目は、赤で斜線を引いて消していきます。赤の斜線が増えていくことで、その日のうちにやらなければならない仕事が視覚的に少なくなっていくので、達成感の積み重ねにもなります。

また、少し億劫な仕事も書き出しておくと、それを早く赤線で消したいという思考になるので、意外とすぐに実行できるようになりました。

書いた TO DO リストは机の目立つところやパソコンの画面の左上など、目に付くところに貼っておくと常に意識するようになります。

授業実践記録と学級通信で一石二鳥の ICT 活用術

教師は自己成長のために文章を書く力を身に付けていってほしいです。そのために私は自分の書いた文章を、なるべくたくさんの人の目に付くように工夫しました。

まず、ICT を活用し日記のように日々の授業記録を書きアウトプットし、データとして残しました。授業記録はまた同じ学年を担任した時に活用できるように、なるべく指示・発問をそのまま書き残しておくとよいです。私は記録を残すことが下手だったので、下の様に学級通信として、保護者や同僚に配ることをモチベーションにして、記録を残すようにしていました。

保護者や同僚に見てもらうという自分への負荷を少しかけることで、文章

の表現も洗練されますし、うそやごまかしがきかなくなります。

　ICT を活用するメリットは、授業実践記録になるので、あらかじめ略案として作成できることです。そして実際に授業を行った後、子供の反応や指導案と変わったところを修正し書き加えることで、振り返りになります。

　そこに子供のノートや板書やクラスの様子などをデジカメで撮影し、貼り付ければ、学級通信兼授業記録の完成です。

　私も教員の頃は自分の書いた学級通信を読み返して、この時期はどんなことを実践していたかをよく振り返っていました。自分の実践は覚えているようで、忘れていることが多いので数年後きっと自分の財産として役立ちます。

教師力向上のための ICT 活用術

　授業の準備や仕事に関係することをインターネットで検索して、プリントアウトすると印刷代や保存の仕分けなど手間と時間がかかります。そこでPDF やスマホ、スキャナーを活用することをお勧めします。

　ウェブサイトは「PDF に保存」をすると、ウェブサイトが一つのファイルで保存されるので便利です。

　また、スマホで検索した場合などは、スクリーンショットで保存することができます。雑誌や新聞で気になったものはスマホで撮影し、仕事用フォルダに保存していつでも閲覧できるように振り分けておきます。

　一昔前ですと、いちいちコピーをして雑誌名や新聞名の出典、日にちなどを書き込んでスクラップとして保存したり、そのページを切り抜いたりして保存をしていましたが、今は ICT を活用できるのでとても快適になりました。

　また、クラウドを活用すれば、どこからでも保存とアクセスができるようになります。これで教材研究の質とスピードが数段向上します。

　余裕があるのであれば自分専用のスキャナーを購入すると、仕事が格段に速くなります。おすすめなのは ScanSnap（富士通）です。A4 の書類を1分間で 50 枚読み込むことができます。40 枚の束を一気に流し込んでスキャンできるので仕事がスムーズになります。

今から身に付けるべき必須スキル

▶他人の悪口は言わない

木村順子

1. 悪口の弊害

　悪口ばかり言っている人、周囲にいませんか。他人の悪口ばかり言っている人は周囲から「他人の悪口を言う人」と認識されます。自分の悪口も言っているのではという疑念を相手に抱かせてしまいます。そんな人とは積極的にかかわりたくなくなります。

　悪口を言うことで、心を開いてくれる人が減り、人間関係が希薄になってしまいます。だれも本心を語ってくれなくなります。人からの信頼を失ってしまうのです。

　職員室や廊下でひそひそ話をする人を見かけることがあります。とても感じが悪いです。たとえ良いことを言っていても、何か良くないことを言っているように感じます。子供にも「ひそひそ話はしません。」と指導していますよね。教師たるもの、自分が実践しなければいけません。

　悪口には依存性があります。誰かの悪口を言うと脳内からドーパミンが放出されます。快楽を感じた時に放出されるこの神経伝達物質は、より強い快楽を求めるため、さらに悪口を重ねてしまうという悪循環を生みだします。

　悪口を言うと、ドーパミンとともにストレスホルモンのコルチゾールも分泌されます。ストレスが体に良い影響を与えるはずはありません。悪口を言うと自分の心と体に悪影響を及ぼします。

2. 質の良い関係性

　突然ですが、質問です。教師が子供に教育を行う際、教師としての高い技術と質の良い教員集団とどちらが必要だと思いますか。どちらも大切なものですが、質の良い集団に自分の身を置くことが自己の意識を向上させ、教師としてのスキルや力量をボトムアップしてくれます。教師としての技術も磨かれていきます。こう考えると、質の良い教師集団という関係性が重要です。

悪口はこの良い関係性を壊してしまいます。悪口が横行する職場では、免疫力が落ち、インフルエンザや風邪にかかりやすいという研究結果もあるそうです。

　とはいえ、自分が不快な思いをしたら思わず悪口が出てしまうこともあります。逆にそれをため込むことがかえってストレスとなり、自分の精神衛生上良くないこともあるでしょう。感情は押さえることはできません。

　悪口と一言でいいますが、大きく分けると相手への批判と相手への侮辱ではないでしょうか。「批判」「侮辱」を悪口としてではなく、自分の思いとして上手に伝える、または自分の考え方を少し変えてみることで悪口思考から解放されることがあります。

3. 批判ではなく行動に注目してリクエストをする

　批判をしてしまうのは、何か必ず批判をする出来事や事象があるはずです。例えば会議の時間に遅れてくる人がいます。ついつい「あの人はいつも遅れてくるからだらしがない。」と漏らしてしまいがちです。しかし、「だらしがない」という人格への批判は避けるのが賢明です。人格批判を相手が聞いたときに、人格は簡単には変えられないため、人は焦燥感にかられ、かなりショックを受けます。そして相手との距離を置こうとします。

　そのようなときは行動に注目します。「遅れてくると会議が時間通りに始められなかったので困ります」と伝えることができれば、相手は行動を変えることはできるので、期待が持てます。相手の性格を非難するのではなく、行動について着目して自分の思いを伝えます。思いを伝えることで、自分の中の不満が少しは軽減するのではないでしょうか。

4. 侮辱ではなく相手の強みに着目する

　侮辱とは、あなたでは力不足だ、という人を見下したような感情を表出することです。そこには自分の嫉妬や妬みが混ざっていることもあります。自己肯定感が低く、自分に自信が持てない人に多く見られる傾向です。そんな時は、相手の強みを常に探す訓練をしてください。職場内だけではなく、自分の学級でも実践してください。児童のマイナス面ではなく、強みを常に意

識して学級経営を心掛けます。毎日児童の強みやプラス面をどのくらい見つけられたか、ぜひ記録することをお勧めします。通知表の所見を書く際にも有効活用できます。考え方をプラス思考にする習慣を付け、常にマイナス面ではなくプラス面を探すことで、相手の良い面が見えてきます。相手に対する肯定的な感情が芽生えてきます。考え方の習慣が変われば、おのずと人の良い点を口にするようになります。悪口の反対です。良い関係性が生まれます。

5．言い訳をしない

　悪口ではありませんが、言い訳をして、それを他人のせいにしようとする発言を聞くことがあります。聞いていて、いい気持ちはしません。自分のミスを人のせいにしてなんとか逃れようと必死な姿は信頼できる人物像とはかけ離れています。

　間違いやミスはだれにでも起こり得るものです。潔く自分のミスを認め、謝罪しましょう。はじめに謝罪をしてから、その後で経緯の説明です。

　良い関係性とは、だれもが他人の悪口を言わず、何か不満があっても指摘せず、多少の過失は見過ごし波風がたたないように過ごす関係ではありません。お互いの意思を尊重し、確認し、過ちがあれば指摘し、お互いに協力をしてより良い改善を図ることです。潔く謝ることで自分の非を認めなければ何も始まりません。謝ることで間違いはあってもいいという職場の土壌を醸成します。

6．自分の中のネガティブな感情

　それでも、自分の中のネガティブな感情を抑えられないことは多々あります。でも、それを無理に抑えることはありません。感情は止められないのですから。その感情をどのように処理するかが問題です。悪口として誰彼構わずに言いふらすことが問題なのです。

　私も、納得できない感情を抑えきれず、夜遅く学校のトイレのドアを思いっきり蹴飛ばしたことがあります。家族に愚痴として聞いてもらったこともあります。その感情は抑えるのではなく、受け止めてもらうことで落ち着きま

す。誰か信頼できる相手に受けて止めてもらいましょう。「聞いてもらうだけでいいから」と切り出し、何の解決策も求めず話す相手がいれば、ネガティブ感情は落ち着きます。

　また、自分が誰かのネガティブ感情に向き合ったときには「そう感じるんだね。」と言ってあげるだけで良いのです。相手の感情を認めることで受け入れられたと感じることがあります。ここで間違っても、「でも」と相手の感情に解釈をして、その感情自体を修正させることはしてはいけません。「でもできていたよ。」「でも相手がこう言ったのが原因では。」と現状を解釈する言葉はいりません。児童に対しても同じです。「そう思ったんだね。」と気持ちに寄り添い、ありのままを受け止めて欲しいのです。

　信頼できる話し相手はいますか。日頃から良い関係性を築いていないと信頼できる話し相手にはなかなか出会えません。

7. 対話のススメ

　他人の悪口は無責任に言いません。言い放った悪口は、回りまわって自分のもとに戻ってきます。

　でも、ネガティブな感情は誰もが持っているもの。適切に相手に伝え、自分の思考の癖を意識し、コントロールすることを努力しましょう。ネガティブな感情は持ってはいけないものではありません。

　そして、悪口としてではなく、疑問に思ったことや意見の食い違いは、勇気をもって対話をしてみませんか。どんなことでも話し合い、改善し、相手の努力を認める風土へと変えるために対話は重要です。自分の思っていることを冷静に相手に伝え、自分の感情を理解してもらう。建設的な意見を交わし改善策を練る。そんな良い関係性が職場の風土となれば悪口が職場で聞かれることもなくなります。

　何より教育を生業とする私たち教師が、子供たちに見本をみせなければなりません。悪口のない職場で、自分の可能性を十分に試し、信頼関係を構築し、先生方が力を付けていくことを切に願っています。

今から身に付けるべき必須スキル

▶子供第一主義を貫く

F. スクールソーシャルワーカー

1. 学校は特殊な世界!?

　人口十数万人の中核都市規模の自治体で学校からの依頼を受けて派遣されるタイプのスクールソーシャルワーカー（以下、SSW）として、管内の小中学生、教員、管理職たちと楽しい（!?）日々を送っています。私の受け持つ学校は 10 校。地域によって学校の特色も本当に様々です。

　新卒時から今まで、医療福祉の世界にしか身を置いていませんが、小学生と中学生の母親ですし、過去に PTA 役員の経験もありますので、学校の組織（文化）については、割と理解をしている方だと思っていました。

　ところが、そんな生ぬるいものではありませんでした。学校って、本当に特殊な世界で、社会の常識とはずいぶんかけ離れたところにあるな、ということが多々起きるのです。例えば、重要な顧客（学校の場合は子供）の正確な情報を把握せずに、ご自身の想像・思い優先で仕事を進める先生の姿を数多く目にしました。子供の能力の向上という最も重要な成果に対する結果責任もあまり感じられません。

　若い先生方には、是非、そんなことへの違和感をもって道を歩んでいって欲しいな、というのは SSW からの切なる願いであります。

2. 子供に寄り添えていない今の学校

　私がこの数年、何度発したかわからないのが次の言葉です。
「そうですか。……で？ 子供は何と言っているのですか？」

　学校の困りごとを散々聞いた後に、この言葉を発すると場がシーンとするのです。思わず「なんでやねん。」と、突っ込みたくなる時間が流れます。

　誰も子供の気持ちを知らないし、聞いていない。時には「本人（子供）は何も感じていないと思います。」と、答えてくださる先生もいらっしゃいます。「あなたはイタコですか？」と、聞きたい気持ちをぐっとこらえて、「そうな

のですね。わかりました。では、本人の気持ちを知るところから始めましょう。」と、伝えます。

3．私が経験した事例

　ある日、こんな依頼が学校からありました。
「発達に課題があり、頻繁にトラブルを起こす低学年男児。勝負に負けると悔しくて癇癪を起こす。授業が分からない時は友達にちょっかいをかけて、相手がそっけない態度をとると逆切れする。保護者はこの子の特性への理解がなく、何度も学校から話しているが問題を友達のせいにする。親は仕事が忙しく、この子に構ってあげる時間が少ないのだと思う。愛着障害ではないだろうか。最近登校渋りが激しい。どうしたらいいのだろうか。」

　私は本人の特性も考慮し、まずは本人ではなく保護者の方と話す機会をつくってもらいました。1時間以上かけて聞いた言葉は次のようなものでした。
「子供は『先生とお話しがしたいんだ。先生に、僕の気持ちを聞いて欲しいんだ。』と言っています。」

　ショックでした。小学校低学年の男児の「先生とお話がしたい。僕の気持ちを聞いて欲しい。」と、いう望みが叶わない学校って……。

　その後、家庭訪問し、本人の話も聞きました。
「学校に行きたい。お友達と遊びたい。喧嘩もするけど、楽しく遊べる時もあるよ。勉強は嫌い。楽しくない。僕に意地悪する子もいるけど、遊んでるときは楽しいんだ。できれば仲よく遊びたい。いじわるされて僕が怒っているときは、A先生（担任）に話を聞いて欲しいんだ。」

　彼のニーズはいたってシンプル。学校に行って楽しくお友達と過ごすこと、そして先生に話を聞いてもらうことでした。そのことを伝えると、学校側は「え？学校に来たいと思っているの？？？」と、驚いた様子でした。

　また、保護者は子供に関わる仕事をしていて、子供の発達については十分に理解していることが面談の中から聞き取れましたので、そのことも学校に伝えました。そのうえで、次のことも管理職を通じて担任に伝えました。
「一日の中のどこか彼の望むタイミングで彼の話をきちんと聞いてあげるこ

とで多少なりともニーズが充足される部分が出てくるのではないだろうか。彼は今、エネルギーが減っている状態かと推測されます。『大好きな先生から話も聞いてもらえない……』と思っているわけですから。もちろん、授業中などに毎回毎回、彼の希望にこたえることは到底無理なこと。休み時間、専科の時間、放課後、どこでもいいので、まずはしっかり彼と話をする（向き合う）時間を作ってみてはもらえないでしょうか。」

　特性のあるお子さんへの関わりは確かにとても大変だと思います。そして難しい。同じ診断名がついているお子さんでも、各々の特性があると思います。同じことをしてもうまくいかない、ということは多々あるかと思います。

　そんな時は是非、お子さんの話を聞いてみてください。子供の行動には必ず意味があります。困った子ではなく、困っている子なんです。本当はこの子自身が一番困っている。良い解決策がなくても一緒に考える。本人の声や思いに耳を傾ける。「こんな子だから」「こういう診断名がついているから」ではなく、そのお子さんをそのままの人格を持った一人の人として目線を合せて関わることで、いろいろなことに気が付いていくものです。

4．子供第一主義を貫いてください

　まだまだ表現力の乏しい年齢、また、成長真っただ中の子供たちですから、言葉や態度で表現されるものとは全然違う感情を持っているなんてこともよくあります。そんなあまのじゃくな状態から子供たちの感情を読み解くのは決して簡単なことではありません。

　そのうえ制度と現状があっていないなか、膨大な業務に追われ、最も大切な子供たちと関わる時間が減っていく中で、いつしか多忙さに周りが見えなくなって、真ん中から子供がいなくなっていく。

　でも、子供たちはまっすぐな目で大人を見ています。どうか、同じ目線で、子供たちと関わってみてください。子供たちが求めているのは、正解をくれることではありません。一緒に悩み、一緒に考えてくれる人を求めています。子供たちは先生が大好きなんです。朝、先生に会いたいから、話がしたいから学校に来た！そんな風に感じてくれる子供がいるのです。とても幸せです

ね。羨ましいと思います。

若い先生方はきっと、そんな世界に憧れてこの世界に入っていらしたことと思います。その初心を忘れず、これからもずっと子供第一主義を貫いていって欲しいと願っています。

5．SSW に頼ってください

　案外知られていない、SSW の大事な仕事の一つがあります。それは教員へのエンパワメントです。エンパワメントというのは「元気づける」という意味です。先生方を元気づけていくことは、私たちのとても重要な役割になります。先生が元気になると子供たちも元気になる。そして、学校全体が元気になる。こんな風に子供を中心に、みんなが元気になっていくことをサポートするのが私たち SSW の役割の一つです。

　公立の小中学校は、ただ同じ歳で、その時にその地域に住んでいる、というだけで同じ学校に集まってきます。家庭環境も、成育歴もバラバラ。ある意味人種のるつぼだと思っています。

　そのような中で、子供たちに接することはとても難しいことでしょうし、先生方が疲弊している姿もよく見ます。

　若い先生ならなおさらでしょう。だって、世間では、新卒に一プロジェクトを任せるなんてことはないのですから。とんでもない世界だと思っています。子供たちの大事な 1 年間が先月まで大学生だった先生に任されるのですから。責任は重大です。

　だからこそ、若い先生方は、しっかり守られるべきだし、常にたくさんの人の細やかなサポートが必要だと思っています。

　私たち SSW も、ただただ子供たちに直接関わることだけではなく、子供たちに関わる先生方に関わり、エンパワメントしていくことが、実は今、とても大切な役割ではないかと感じています。

　私も大変微力ながら、そのサポートの一員になりたいと願っています。

▶学校教育制度の大変革を乗り切り、充実した未来を切り開こう

岩切洋一

1．「後悔先に立たず」……

　最近、ビギナー教師が自分よりも上手に授業を進めている場面を見て、愕然とすることがあります。私は初任以来、複数の教育サークルに参加したり、膨大な各種文献を読み込んだり、向山洋一氏、向山行雄氏、有田和正氏といった著名実践家に師事したりしつつ、長年かけて教師修行に励んできました。

　決して授業力が高いわけではありませんが、それなりの自負をもっていたのも事実です。それなのに修行年数の短い若手があっさりと私を越えている……。

　これはすべて、彼らがデジタルデバイスを使いこなしているからです。管理職になってから約20年、私はこのような未来像を描けず、自らの現状に安穏としていました。マネジメントが主幹業務となったのは事実ですが、明日の授業を考えなくて良い分、その気になれば余裕をもって近未来に必要な指導スキルを磨くことが出来たはず。まさに「後悔先に立たず」です。

　しかし、今後起こり得る社会変化のスケールは過去の比ではなく、これに伴って学校教育でも壮大なパラダイムシフトが起きるのは確実です。そしてその大波をまともに浴びるのは今のビギナー教師諸氏なのです。未来を見通して今からそれに備えないと、私以上の悔いを残すことになりかねません。

2．「すでに起こった未来」を観察する

　もちろん、未来の姿を正確に予測することは非常に困難です。しかし、その鍵となる方法はあります。「すでに起こった未来」を観察するのです。

　これはピーター・F・ドラッカー（1909 ～ 2005）が提唱したことです。ドラッカーは『マネジメント』『創造する経営者』など経営論やその他の分野で膨大な書籍を著し、「マネジメントの父」と呼ばれています。イギリス元首相マーガレット・サッチャー、GE の元 CEO ジャック・ウェルチなど

偉大な業績を残した指導者達に大きな影響を与えた人物です。

　ドラッカーの未来予測はかなりの確度で現実化しています。しかし、それは決して「予言」をしたのではありません。眼前の事実を正確に観察することを通して、次に起きることを「認識」したのです。

　あらゆる変化が他領域に次の変革をもたらします。例えば、人口、社会、政治、経済、産業、経営、文化、知識、意識が変化すると、その変化によって個々の分野に新たな変革が表れるのです。それは即座に起こるのではありません。特定の事象として立ち現れるまでには、一定のリードタイムがあるのが普通です。ドラッカーはそれら最初に起きた変化を「すでに起こった未来」と呼び、その帰結をしっかりと認識するようにしていたのです。

　では、今後の学校教育に変革をもたらす「すでに起こった未来」とは何か。やはり私は、何よりも ICT の急激な発展を挙げます。そして、これに伴う大変革は既に姿を現し始めていると考えています。それは次の二点です。

---

(1)　現行の学校教育を否定する意識の拡大と、それに伴う学校数の激減
(2)　学校における結果責任の厳格化

　近代学校制度は同一水準の工場労働者や兵士を短時間で大量に育成することを主な目的として構築されましたが、昨今、その一律性が否定され、個々の特性に応じた教育を行うことが強く求められるようになってきました。

　しかし、学校での集団教育ではそれが十分に実現できないと考える人が増えつつあります。非常に残念ですが、これは厳然たる事実です。

　実際、私が所属する企業関係者で構成された学会や研究会では「学校不要論」が次第に大きくなっています。特に 30 ～ 40 代の若手実務家・研究者の間で「学校での一斉指導はそれに適する一部の子供以外には極めて非効率であり、我が子を伸ばすには学校外で個別に学ばせた方が余程有効だ。」という認識が急速に拡大しており、私が意見を求められる場面も数多くあります。

元々、いじめ問題などに嫌気がさし、積極的に我が子を登校させない保護者も増えてはいましたが、新型コロナウィルス感染症の拡大が学校不要論者を急増させたように思います。自宅学習における一定の成果や一人一台のタブレット配付などの取組、更には様々な教育コンテンツの充実等もあり、自分が最も信頼できる機関、場所（自宅も含む）で我が子に教育を受けさせることが十分可能であると、多くの人々が気付いてしまったからです。

　学校以外の教育を選択する人々の大幅な増加に、「少子化の進展」という「すでに起こった未来」まで合わせて考えると、私は将来における全国規模での学校数の激減が、かなり現実味を帯びてくると予測します。

　当然ですが、全廃はされません。しかし、残置された学校にはどんな子供も向上させるよう確約することが求められるはずです。未だ一部に残る「学校ではきちんと授業をしました。子供の学力が伸びないのは学校の責任ではありません。」といった履修型授業観は完全に排除され、「一人一人の学力を着実に習得させました。」という習得型授業観が常識となると考えられます。

　それに対応できない学校は、保護者をはじめとする社会からの批判、非難に耐えられず、結局は淘汰されていくのです。

３．来るべき大変革に備える①　高い指導力を習得する

　以上のような大変革に備えるには、次の二点が必要不可欠だと考えます。

---

①洗練された高い指導力を習得する。

②「学校聖域観」から脱却し、社会と協働しようとする姿勢を保持する。

　まず、①について、です。

　ある自治体では毎年、管内の小学校全校で民間業者の全国学力調査を実施していました。教育委員会では集計した膨大なデータを数多くの視点から分析します。その一つに「教員ごとの指導結果の経年変化」がありました。

　ここから驚くべきこと（ある意味では当然のこと……？）がわかりました。

> **子供の学力を左右するのは各教員の指導力であって、支援員の増派や補習教室の開設といった各種施策は、そこまでの影響を生じさせない。**

　つまり「A教諭が担任した学級は必ず結果が向上し、B教諭が担任した学級は必ず下落するといった傾向がある」という事実が明らかになったのです。これはあまりに衝撃的であり、翌年以降の教育予算獲得に大きな影響が出るので正式には公表されていません。ある教育研究会の場で、当該教育委員会の関係者から、内々にご教示いただいたことです。

　実は、私もそれ以前から同様の事実を把握していました。

　次のグラフは、ある小規模学級児童の学力調査の結果（偏差値）です。この調査は毎年、年度当初に実施されます。前年度の学習事項がどれだけ習得できているかを判定するものです。

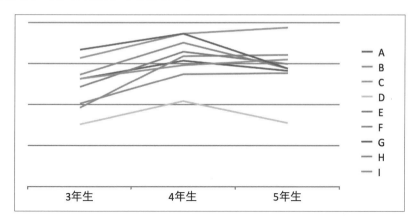

　3年次に担任したのは30代の女性教員でしたが、とてもきめ細やかな指導をして、子供のみならず保護者からの信頼も絶大だったそうです。進級した4年次の結果を見ると全員の数値が向上していることが一目瞭然です。

　4年次の担任も決して指導力不足だったわけではないようです。しかし、授業の質や子供との関係を鑑みると、やはり3年次の担任とは微妙な差があり、その僅かな違いがこのような歴然たる差異を生んだと聞き及んでいます。

　一流の企業経営者たちは、こぞって「人こそが生命線」という言葉を口に

します。学校の場合、これはもっと切実な事柄です。授業というのは各教員による完全分業制に近いところがあるだけに、属人的な要素が強まるのは当然です。「教育は人なり」という論語の言葉さえありますが、これは単なる人格的な心構えやスローガンではなく、極めて現実的な話だったのです。

　将来、教員として勤務するには、デジタルスキルも含めた高い指導力を身に付け、どんな特性の子供も向上させることが求められます。教員数も削減される可能性を考えると、指導力が低い教員は身分保障さえ危うくなります。

　しかし反面、それでも学校に勤務できる教員は社会から絶大の敬意を集めるはずです。自身の力量次第で生き甲斐を強く感じる時代になり得るのです。

４．来るべき大変革に備える②　「学校聖域観」から脱却する

　以前、所属する地区校長会で「豊かな発想力や創造性を育成する学校づくり」という研究に取り組んだことがあります。その際、私は子供が将来必要とする事項を明確化するため、経済産業省『人生100年時代の社会人基礎力』も検討材料の一つにすることを提案しました。しかし、数年後に指導課長に転出した校長から「この内容は正しいけど、企業論理で考えるのも癪に障る。やはり我々は学校教育の王道で考えよう。」と、拒否されたのです。

　何をか言わんや……です。今でも時折、企業関係者から「学校の常識は社会の非常識だ」と言われます。これはこのような学校聖域観が根底にあります。子供がいずれ生きていくことになる社会。そのニーズや意識と乖離し、業界内の論理を優先してきたからこそ、学校への厳しい視線が生じているのです。

　今後、学校は今以上に多方面と密接なパートナーシップを組み、多くの人々が求める教育活動を積極的に進めることが必要となります。浮世離れした教員は社会から孤立し、一気に立場を失う可能性もあるのです。

　ここで必要な事項の一つがビジネスマナーです。いくら社会全般とシンクロする思考法になっても、それを具現化する様々な「型」が身に付いていないと、相手からは軽視されます。密接な協働など到底実現しません。

例えば、「名刺なんて持っていない。」と、堂々と口にする教員が数多くいます。彼らは来校した業者や出前授業の講師、出張先の関係者から名刺を差し出された時、相手からいただくだけです。ビジネスマナーとして、これはまったく考えられません。名刺交換はビジネスの世界では「一丁目一番地」「イロハのイ」であり、新卒社員が真っ先に覚えることの一つです。

　また、学校での電話の受け答えも問題です。以前、こんな経験をしました。
私「Ａ小学校長の岩切と申します。いつもお世話になっております。」
相手「どういたしまして。」
私「(絶句) ……。」

　ここまで酷くはなくても、「はい」と返されるくらいは日常茶飯事です。

　電話口で「お世話になります」と言い交わすのは社会の通例です。信じられませんが、それを知らない教員が一定数いるのです。もし、関係機関や企業の従事者が先のような返事を聞いたら、私同様に「？」と思うでしょう。

　他にも①身だしなみ② TPO に応じた挨拶・お辞儀③ TPO に応じた敬語の使い分け④報連相⑤時間厳守など、必要な事柄は多くあります。ご自身の現況を鑑み、不足分は今から少しずつでも身に付けていく心積もりが必要です。「付け焼き刃はなまり易い」のです。

5．ビギナー教師への期待は大きい

　以上、私なりの未来認識と学校への影響について論を展開してきました。

　しかし、多くの教員が本稿で述べたような技能・姿勢を速やかに身に付けることで状況の改善が図られれば、学校に目を向けられ始めている厳しい視線を払拭でき、もっと明るい別の未来が創造できるとも考えています。

　パワハラ等の不当行為を排除し、安定した執務環境で成果を上げることを指向するのは大変重要です。本書は何よりそのために書かれました。

　しかし同時に、より高い志をもって「新たな学校モデルの創造」という遠大なミッションにも目を向けていただきたく願っています。それが可能なのは、現在ご自身が日々対応に苦慮している眼前の上司・先輩ではありません。

　果てしない可能性を抱いて近未来を生きるビギナー教師の皆さんなのです。

▶ヤング教師が直面する "これからの社会の課題" を 研究視野に入れよう

谷　和樹

1．教師はすばらしい仕事

教師の仕事はブラックだという人がいます。

定時に帰れない、土日も駆り出される、モンスターペアレンツや学級崩壊、職場の人間関係……そういう面もあるのでしょう。

改善すべきことももちろんあります。

でも、教師の仕事は、本質的にはブラックなんかじゃない。

私はそう思っています。

教師は素晴らしい仕事です。

私はもう退職に近い年齢ですが、

何度生まれ変わっても教師になりたい

心からそう思います。

ここでは、これからの教師の仕事を生き生きとさせるために、若い先生方が研究してほしい「キーワード」を5つ紹介します。

2．キーワード1「感情労働」

最初のキーワードは「感情労働」です。

感情労働というのは、人を相手にする職業で指摘される概念です。

相手に感謝や安心の気持ちを喚起させるような、公的に観察可能な表情や身体的表現をつくるために行う感情の管理が必要な労働

と言われます。

そうした職業では当然「感情のコントロール」が必要です。

ですから感情労働は、

> 相手に対応する人自身の心に、苛立ちなど自然に生起する感情をコントロールする職業的努力

とも定義されています。

教師というのは、そもそもそういう職業なのです。

教師の他にも、医療や福祉なども典型的な感情労働ですし、現代ではほとんどの仕事が「感情労働的な側面を持ち合わせていると考えられる」とも言われています。

人と関わることこそが、教師の仕事の本質です。

だから難しいのです。

しかし、だからこそ、やりがいがあるとも言えます。

「教師にしか得られない喜び」が確かにあります。

子供たちと一緒に、様々な困難を乗り越えながら、たどり着いた３学期。

学級経営が安定し、ゆったりと流れる時間。

教卓に集まってきた子供たちの言葉から、自分が慕われていることを感じる時の幸福感。

「人を相手にして感情をやり取りする仕事」だからこそ、人からの「ご褒美」というものがたくさん得られるのではないか、という指摘もあります。

3. キーワード2「ポジティブなキャリアチェンジ」

２つめは「ポジティブなキャリアチェンジ」です。

せっかく教師になったのに数年で辞める人も増えています。

中には１年ほどで辞める人もいるといいます。

辞められるのは寂しいことです。

でも、教師として学んだ知識・技能を活かして、別の職業で更に価値ある

お仕事を目指されるなら、それはそれで嬉しいことです。

　キャリアチェンジは決して悪いことではありません。

　私も22年間教師をしてから大学教員になりました。

　私の身近にも、研究者や大学教員、別の職種をめざして準備をしている人もいます。

　堀田龍也氏（東北大学）は次のように言われます。

> ほぼ半世紀ほど日本を支えてきた終身雇用制は終わりつつあり、今や『転職』即ちキャリアチェンジにより自分の人生を切り拓くことが当たり前になりました。民間企業から教員への転職や、教員から別の職業への転職も、今では少なくありません。

　一方、「ポジティブ」に辞める人ばかりではありません。

　教師の仕事がちょっとキツい、クラスが上手くいかない、同僚と上手くいかない……。

　そうしたことに耐えきれず、わずか数年で、時には1年目で辞めてしまう人がいます。

　それはやはり残念なことです。

　そもそも、教師は簡単でお手軽な仕事ではありません。

　私の場合は、自分の感覚的なレベルですが、仕事の中で

「少しつかめた」

「新しい景色が見えた」

と微かに感じるまでに十年以上かかりました。

　若い先生方がキャリアチェンジしていくのは否定しません。

　しかし、

「プロだけに見えている世界」

いわゆる

「泣きの入った腕」

を持つ職人的な視野。

　そういったものが教師にもあることは事実です。

　その片鱗ですら全く知ることなく辞めていくのは、やはり寂しいように思うのです。

　せめて5年は「仕事に没頭」してみてはどうか、と私は感じています。

4．キーワード3「ワーク・エンゲージメント」

　「仕事に没頭」という意味では、ワーク・エンゲージメントという概念もあります。

　ワーク・エンゲージメントというのは、

1	仕事から活力を得ていきいきとしている（活力）
2	仕事に誇りとやりがいを感じている（熱意）
3	仕事に熱心に取り組んでいる（没頭）

　この3つが揃った状態です。

　「バーン・アウト（燃え尽き）」の反対の言葉といっていいでしょう。

　非常に大切な考え方だと思います。

　では、これをどのように実現していけばいいのでしょうか。

5．キーワード4「教師のベーシックスキル」

　初歩的な考え方として、教師が身につけてほしい「ベーシックスキル」を私は紹介しています。

　元々は向山洋一が提唱した「TOSS授業技量検定」で提起された項目の中から、初歩的かつ大切なスキルを抜粋したものです。

　基本は次の7つです。

---

① **表情（笑顔）**

② 声（声量・トーン）

③ 目線

④ 立ち位置（動線）

⑤ リズム・テンポ

⑥ 対応・応答

⑦ 作業指示

この７つを身につけると、教室での子供たちへの授業が安定します。

同時にそれは教師自身の「感情コントロール」にもなるのです。

とりわけ、最初の３つ「表情」「声」「目線」は教師の感情コントロールにとって重要です。

人は楽しいから笑うのではありません。

笑うから楽しくなるのです。

教師がニコニコした笑顔を、まずは「練習」して「作れる」ようになると、それだけで子供たちの反応が変わります。

教師の内面も楽しくなります。

6．キーワード5「生成 AI」

感情といえば、エコーチェンバーとかフィルターバブルという言葉も聞いたことがあるでしょう。

SNS やショッピングサイト等では、そうした技術を巧みに操って大衆の感情を刺激し、誘導します。

レコメンドされてきた商品を私もつい購入することがあります……。

2023 年は「生成 AI」が広く話題になりました。

代表的な生成 AI である ChatGPT と会話していると、相手が感情を持っているかのような錯覚に陥ることがあります。

教師にとって、こうした最先端の技術は必須の研究テーマです。

それが、子供たちの環境、そして成長に大きく影響するからです。

以上、次のようなテーマを簡単に紹介してきました。

1　感情労働
2　ポジティブなキャリアチェンジ
3　ワーク・エンゲージメント
4　教師のベーシックスキル
5　生成 AI

再度、教師は素晴らしい仕事です。

今後、若い先生方がこうしたテーマを積極的に研究し、深め、教室の子供たちのために活かしてほしい、そう強く願っています。

HRpro：https://www.hrpro.co.jp/glossary_detail.php?id=87
田村尚子『感情労働マネジメント』生産性出版 2018 年
関谷大輝『あなたの仕事、感情労働ですよね？』花伝社 2016 年
教育家庭新聞：https://www.kknews.co.jp/post_ict/20220606_3a
厚生労働省：令和元年版労働経済白書 第 2 部第 3 章
TOSS 授業技量検定：https://www.toss-kentei.jp/
谷和樹『教師のベーシックスキル 7+3 ①〜②』株式会社教育技術研究所 2019 年

　ある学校で、先輩教員の執拗なパワハラに悩んだ若手教員が自ら死を選ぶという事案がありました。ご本人はもちろん、ご家族にとって痛ましい、最大の不幸であることは間違いありません。しかし、それだけでなく、恐らくその教員が生前最後に言葉を交わしたと思われる同僚も自身を強く責め、周囲が大変心配する程、長期間にわたって心身を病んでしまいました。

　本書の執筆作業が始まってから今日までのごく短い間にも、職場での人間関係に苦しんで、退職を決意したビギナー教師が相談に来ました。何人もの関係者が対応策（教育委員会の相談窓口に訴えることも含めて…）を伝え、必死になって翻意を促しましたが、メンタル的にそれも難しくなっていたのです。関わった人たちは皆、大きな無力感に襲われていました。

　不適切な人間関係は、関係する誰をも不幸に陥らせるのです。

　また、昨今ビジネスの世界では「心理的安全性」が重要視されています。一言でまとめると「組織内の他のメンバーが自分の発言を拒絶したり、罰したりしないと確信できる状態」「組織の中で自分の意見や気持ちを誰に対してでも安心して表現できる状態」というものです。1999年、組織行動学の研究者でハーバード・ビジネススクール教授であるエイミー・C・エドモンドソンが提唱しました。心理的安全性が高い組織ほど、各々の課題を解決して大きな成果を上げているのです。

　皆さんの勤務校の心理的安全性は如何ほどのものになっているでしょうか。

　私は新規採用者や異動してきた教員に対して必ず依頼することがあります。「校内で『何か変だな？』とか『ここはこう改善したら良いのになあ。』といった意見があれば積極的に教えてください。」

　組織の中にいると、いつの間にか現状に疑問を感じないようになってきます。どんなに矛盾があってもなかなか気が付かなくなるのです。

しかし、異動者の場合はそれまでの勤務校と比べることで「あれ？」と思うことが数多くあったりするものです。

ましてや初めて学校教育の世界に飛び込んできた新人にとって、それはカルチャーショックに等しい「大発見」なのかもしれません。

　そんな方々の声を真摯に聞くことは、健全な学校マネジメントを進めるうえで必要不可欠な事項です。校内のシステム上の綻びを修繕することは勿論、大きなイノベーションの機会にもなる可能性があるからです。

　それなのに、パワハラが横行して「こんなことを言ったら嫌味を言われるかな。」「余計なことをすると叱られる。」などと思い、特にビギナー教師が口をつぐんでしまうケースがあります。非常にもったいないことです。

　ビギナー教師の心理的安全性を高めることは本人のためだけではなく、学校が成果を上げるうえでも非常に大切な事柄でもあるのです。上司や先輩はそのことをもっと強く意識し、彼らへの適切な言葉かけを繰り返しながら、心理的安全性の高い学校創りを目指すべきであると思います。

　本書は、何よりもビギナー教師が明日から心地よく勤務できるようになることを第一の目的としていますが、大きな成果を上げられる学校環境を創造する一助ともなりたい、そう祈念した一冊でもあるのです。

　最後に、本書に寄稿してくださった多くの先生方、私と志を共にして自らの経験を披露してくれた学校マネジメント研究会の諸氏に心から感謝の意を表します。

　また、本書執筆の機会をいただいたうえ、折々に適格なご助言をくださった学芸みらい社・社長の小島直人氏、執筆方針を巡って丁々発止のやり取りをしたことで叙述内容を高めてくださった同社編集長・樋口雅子氏にも厚くお礼を申し上げます。

　皆様、本当にありがとうございました。

　　　　　　令和6年2月　東京都練馬区立大泉西小学校長　岩切洋一

〈 執筆者一覧 〉

岩切洋一　　　練馬区立大泉西小学校・校長

向山行雄　　　敬愛大学・特任教授
谷　和樹　　　玉川大学教職大学院・教授
村松守夫　　　小平市立第一小学校・校長
小貫義智　　　練馬区立高松小学校・校長
島村雄次郎　　立川市立第七小学校・校長
木村順子　　　練馬区立立野小学校・副校長

(以下、公立小学校教諭／ただしお１人はスクールソーシャルワーカー)
相磯良太　　　斉藤優実
浅本桃加　　　末吉泰子
有賀その美　　鈴木莉菜
大川裕子　　　相田うの
大羽ゆみ　　　田中美希
大橋拓海　　　塚越美友
尾形美海　　　中山穂乃佳
潟野　萌　　　松村琴実
加藤雅成　　　松本恭平
金田貴恵　　　森　友弥
栗原真美　　　山形真輝
小島　遼　　　吉井奈々
後藤ゆりか　　　　他

【編著者紹介】
岩切洋一（いわきり・よういち）
神奈川県生まれ。
1986年東京都公立小学校教諭として採用後、指導主事、副校長勤務を経て2011年北区立谷端小学校に校長として赴任。企業経営者に交じって適切なマネジメントの在り方を追求し、これまでの学校経営スタイルにイノベーションをもたらしている。現・練馬区立大泉西小学校長、学校マネジメント研究会顧問。

ビギナー教師の心を傷つける
上司・先輩の「毒語」
これって通常指導？ 苦しむヤング先生が読む本

GAKUGEI
MIRAISHA

2024年4月5日　初版発行

編著者　岩切洋一
発行者　小島直人
発行所　株式会社　学芸みらい社
　　　　〒162-0833 東京都新宿区箪笥町31番 箪笥町SKビル3F
　　　　電話番号 03-5227-1266
　　　　https://www.gakugeimirai.jp/
　　　　e-mail : info@gakugeimirai.jp
印刷所・製本所　藤原印刷株式会社
企　画　樋口雅子
校　正　佐藤詩織／阪井一仁
装丁デザイン　SHIRONAGASU WORKS
本文組版　橋本　文
イラスト　スタジオほちゃにか